말 씀 암 송 묵 상 기 도

인생말씀

말씀 내면화의 길
말씀 생활화의 길

프롤로그

인생말씀

"우리 교회는 찬양팀이 별로에요. 그래서 교회를 옮길까 해요."
"우리 교회는 뜨겁지 않아요. 그래서 선교단체에 들어갔어요."
"우리 교회는 프로그램이 시시해요. 그래서 재미가 없어요."

이런 얘기를 종종 듣는다. 나도 그런 사람들 중에 하나였다. 언젠가 이런 생각을 해보았다. 하나님의 은혜가 훌륭한 세션을 갖춘 찬양팀이 있어야만 경험할 수 있는 것인가? 그런 은혜를 진짜라고 할 수 있을까? 프로그램이 다양해야 좋은 교회일까? 진짜 교회라면 예수와 나와 너만으로도 좋은 교회가 될 수 있어야 하지 않을까? 뭔가 더 필요하다면 그것은 인간적 필요가 아닐까? 성경 외에는 다 필요 없다는 말을 하려는 것이 아니다. 하지만 앞의 불만들은 있어도 좋고 없어도 되는 것이다. 있을 수도 있고 없을 수도 있는 것이다. 우리는 본질적인 것과 비본질적인 것을 구별해야 한다. 그 둘은 같은 선상에서 비교될 수 없다. 정의와 긍휼과 믿음처럼 더 중요한 것이 있다(마23:23).

우리시대 그리스도인의 문제는 무엇인가? 예배도 꼬박꼬박 드리고 봉사도 열심히 하는데 마음이 황량하다는 거다. 설교가 가슴에 부딪혀 오지 않고 큐티는 겨우겨우 해치우기 일쑤다. 수십 년을 같이 살았지만 남보다 못한 관계가 되어버린 부부 같을 때가 많다. 서로에 대한 애정이나 기대는 없지만 가족구성원으로서의 기능만큼은 차질 없이 수행하는 모습이랄까. 그래서 하나님과의 관계회복을 위해 교회를 바꿔보기도 하고 선교단체에 가입해보기도 하고 여러 가지 새로운 훈련을 받아보기도 한다. 신학서적이나 신앙서적을 뒤적거리기도 한다. 하지만 근본적인 해결책이 되지 못한다.

무엇이 문제일까? 문제는 말씀이 맴돌고 있다는 것에 있다. 많은 설교를 듣지만 와 닿지 않는다. 공부할 이유를 찾지 못한 학생이 칠판을 멍하게 쳐다보며 딴 생각을 하느라 눈과 귀에 들어오는 것이 하나도 없는 것과 비슷한 형국이다. 가끔 곁들인

핫한 뉴스나 농담이나 새로운 지식이 잠시 우리의 시선을 빼앗을 뿐이다. 우리는 매주 질문하지 않은 답변을 듣고 있고 영혼 없는 아멘을 하고 있다. 마음에 와 닿지 않은 말씀은 바람에 나는 겨와 같고 길가에 뿌려진 씨앗과 같다. 그런 말씀은 인생과 무관하다. 인생에 아무런 영향도 미치지 못한다. 그것은 '인생말씀'이 아니다. 이런 사태를 알아차리지 못한 채, 목사는 말씀을 받지 못하는 교인을 탓하고, 교인은 말씀을 와 닿게 설교하지 못하는 목사를 탓하고 있다.

우리는 말씀을 내면화하고 생활화하는 길을 배우지 못했다. 그럼 큐티는? 일반적인 큐티방식에는 약점이 있다. 먼저 본문과 글의 분량이 너무 많아 읽기진도 나가기도 쉽지가 않다. 게다가 읽고 묵상까지 하려면 많은 시간을 요한다. 겨우 말씀이 와 닿았더라도 다음 날이면 다른 본문들을 읽고 묵상해야 한다. 한 마디로 특정 말씀이 깊이 뿌리내릴 여유가 없다. 그래서 말씀묵상에 있어 중요한 '반복'이 없다. 깨닫고 은혜 받았다고 넘어가는 것이 아니라, 깨닫고 은혜 받은 자리로 거듭 돌아와 머무르며 뿌리를 내려야 한다. 그렇게 점점 더 깊이 들어가야 말씀이 내면화되고 생활화된다.

이렇게 하면 다른 문제가 생긴다. 특정본문을 반복묵상하면 성경전반, 신앙전반에 대한 이해는 더 오래 걸릴 수 있고 성경을 취사선택하게 된다는 점이다. 이 책은 이런 약점들을 보완하려고 노력했다. 무엇보다 말을 걸어오시는 하나님께 각자가 자신의 '인생이야기'를 함으로써 하나님의 말씀이 참으로 인생말씀이 되도록 안내하고자 했다.

이 책이 나올 수 있도록 도와준 모든 이들에게 감사를 전한다. 목회의 스승 김종익 목사님과 신학의 스승 신옥수 교수님과 영성의 스승 이강학 교수님과 나의 첫 신앙여정을 이끌어 주었던 영혼의 아버지 이영우 목사님과 사랑하는 가족들, 특히 집필교정과 편집까지 도와준 사랑하는 아내와 존재만으로 힘이 된 딸에게 감사의 마음을 전한다. 만약 이 책에 조금이라도 열매가 맺힌다면 그것은 하나님께서 이들을 통해 결실하신 것이다.

"영생은 유일하신 참 하나님과 그가 보내신 자
예수 그리스도를 아는 것이니이다."

(요17:3)

차례

프롤로그 인생말씀 … 4

제1부 말씀암송묵상기도 | 생활밀착형영성

제1장. 말씀암송묵상기도란?

통합영성 | 신학전반 × 신앙생활 × 영성전통 … 15
균형영성 | 묵상기도 × 성찰기도 × 중보기도 … 18
생활영성 | 말씀암송묵상기도 … 28

제2장. 말씀암송묵상기도 실천

개인수련 | 활용순서 … 33
공동수련 | 활용방법 … 37

제2부 인생과 말씀의 대화 | 1년 365일 52주

제1장. 계시 | 신학묵상 … 43

1 자연 | 자연을 거닐며 (롬1:20) … 50
2 복음 | 자격이 없다고 느껴질 때 (롬1:17) … 52
3 계시기도 | 하나님을 더 알고 싶을 때 (엡1:17-19) … 54

제2장. 성서 | 신학묵상 … 57

4 성경 | 신앙생활이 막막할 때 (딤후3:15-17) … 64
5 기억 | 하나님과 멀어질 때 (마4:4) … 66
6 묵상 | 성경이 은혜가 안 될 때 (시1:1-3) … 68

제3장. 하나님 | 신학묵상 … 71

7 영 | 피상적인 신앙생활 중에 (요4:23-24) … 78
8 사랑 | 하나님이 무서울 때 (요일4:16) … 80
9 삼위일체 | 신앙대상이 혼란스러울 때 (고후13:13) … 82

제4장. 창조 | 신학묵상 … 85

10 창조 | 인생이 우연 같을 때 (창1:1-3) … 92
11 향유 | 자신에게 가혹해질 때 (전3:12-13) … 94
12 돌보심 | 냉혹한 사회에서 (마6:26,33-34) … 96

제5장. 섭리와 악 | 신학묵상 … 99

13 섭리 | 내 마음대로 안 될 때 (롬8:28) … 106
14 영적싸움 | 신앙이 느슨해질 때 (엡6:12-13) … 108
15 고난 | 고난 당할 때 (욥23:10) … 110

제6장. 인간 | 신학묵상 … 113

16 인간형상 | 사람이 하찮게 느껴질 때 (창1:27-28) … 120
17 형상왜곡 | 사람이 대단하게 느껴질 때 (롬5:8) … 122
18 형상회복 | 정체성이 흔들릴 때 (엡4:22-24) … 124

제7장. 그리스도 | 신학묵상 … 127

19 성육신 | 하나님이 안 보일 때 (요1:14) … 134
20 메시아 | 공적 책임을 느낄 때 (눅4:18-19) … 136
21 진리 | 종교다원주의가 유혹할 때 (요14:6) … 138
22 십자가 | 중심이 흔들릴 때1 (사53:4-6) … 140
23 부활 | 중심이 흔들릴 때2 (요11:25-26) … 142
24 참양식 | 식탁에서 (요6:55-57) … 144
25 임마누엘 | 지금여기 (마1:23) … 146

제8장. 성령 | 신학묵상 … 149

26 보혜사 | 외로울 때 (요14:26) … 156
27 성품 | 잘 살고 있는지 궁금할 때 (갈5:22-23) … 158
28 권능 | 능력이 부족할 때 (행1:8) … 160
29 천국 | 천국이 멀게 느껴질 때 (마12:28) … 162
30 탄식기도 | 기도가 안 될 때 (롬8:26-27) … 164
31 자유 | 눌릴 때 (고후3:17) … 166
32 분별 | 선택의 기로에서 (고전2:10,13) … 168

제9장. 신앙 | 신학묵상 … 171

33 형제 | 형제가 도움이 필요할 때 (요일3:16) … 178
34 주권 | 내가 주인처럼 느껴질 때 (시127:1) … 180
35 계명 | 우선순위가 헷갈릴 때 (마22:37-40) … 182
36 예배 | 예배가 형식적일 때 (롬12:1-2) … 184
37 믿음 | 믿지만 흔들릴 때 (히11:6) … 186
38 경건 | 신앙이 종교화될 때 (약1:27) … 188
39 감사기도 | 걱정이 많을 때 (빌4:6-7) … 190

제10장. 교회 | 신학묵상 ··· 193

40 주의몸 | 공동체의식이 약해질 때 (엡4:16) ··· 200
41 천국열쇠 | 교회가 약해 보일 때 (마16:18-19) ··· 202
42 기도의집 | 기도에 게을러질 때 (막11:17) ··· 204
43 빛과소금 | 교회에서만 힘이 소진될 때 (마5:13-14) ··· 206
44 친교 | 교회에 모이기 싫을 때 (히10:24-25) ··· 208
45 봉사 | 억지로 봉사할 때 (벧전4:10-11) ··· 210
46 선교 | 사명이 모호해질 때 (마28:18-20) ··· 212

제11장. 사역 | 신학묵상 ··· 215

47 성화 | 사역이 흐지부지할 때 (골1:28-29) ··· 222
48 균형 | 사역이 불균형할 때 (고전14:1) ··· 224
49 가정 | 가정에 소홀해질 때 (엡5:33,6:1,4) ··· 226

제12장. 종말 | 신학묵상 ··· 229

50 죽음 | 뭔가를 집착할 때 (전7:2) ··· 236
51 심판 | 막 살고 싶을 때 (벧후3:9) ··· 238
52 구원 | 심판이 두려울 때 (요3:16) ··· 240

부록 I 말씀암송체크표 ··· 243
부록 II 인생말씀플러스 ··· 247
부록 III 중보기도밸런스 ··· 255
부록 IV 성찰기도밸런스 ··· 263
에필로그 말씀인생 ··· 271

CHAPTER

제1장. 말씀암송묵상기도란?

제2장. 말씀암송묵상기도 실천

제 1 부
말씀암송묵상기도

생활밀착형영성

제1장
말씀암송묵상기도란?

통합영성 | 신학전반 × 신앙생활 × 영성전통

이 책은 기독교신학의 12가지 범주와 신앙생활의 52가지 주제, 그리고 기독교영성의 3가지 전통을 엮어 구성하였다. '통합영성'을 추구하기 위해서이다.

이 책은 기독교신학의 범주를 12가지로 나누었다. 계시, 성서, 하나님, 창조, 섭리와 악, 인간, 그리스도, 성령, 신앙, 교회, 사역, 종말이 그것이다. 신학이 곧 묵상은 아니다. 하지만 둘은 밀접한 연관이 있다. 신학이 머리라면 묵상은 가슴에 가깝다. 양자택일은 불가능하다. 둘 다 필요하다. 물론 묵상의 무게중심은 느끼고 체험하고 기도하는 것에 있다. 하지만 그 전에 반드시 말씀을 이해하는 과정이 필요하다. 묵상은 이해를 추구한다. 이해를 추구하는 묵상은 불가피하게 신학적 묵상을 요청한다. 신학은 신앙적 사고방식의 결정체이며, 말씀에 대한 묵상과 순종의 지적 결실이기 때문이다. 루터는 신학자란 지식이나 독서나 사변이 아니라 삶의 현장에서 생생하게 살아가는 것으로 모자라, 사망에 처해 지옥에 떨어지는 경험을 통해 만들어진다고 했다. 묵상과 신학은 대화가 필요하다. 나의 묵상이 신학적으로 어떤지, 나의 신학이 신앙적으로 어떤지를 확인할 필요가 있다. 그래서 12개 각 장은 다소 딱딱하고 신학적일 수 있지만 '신학묵상'으로 시작한다. 이것은 개별 주제말씀을 묵상하기 전에 묵상을 준비하는 입문역할을 한다. 신학묵상을 통해 관련 말씀에 대한 전반적인 안목을 얻을 수 있다. (신학묵상의 많은 내용은 신옥수, 백충현 교수님이 번역하신 다니엘 밀리오리의 [기독교 조직신학 개론]을 중심으로 여러 신학서적들을 참고했다. 특히 은총의 예정에 관련해서는 김명용 교수님의 [바르트 신학]을, 하나님의 속성에 관해서는 윤철호 교수님의 [현대신학과 현대개혁신학]을, 생태신학과 생태영성에 관해서는 김도훈 교수님의 [생태신학과 생태영성]을, 하나님의 영에 관해서는 현요한 교수님의 [성령 그 다양한 얼굴]을 주로 참고했다.)

이 책은 신학의 12범주 안에 52개의 신앙생활 주제를 담았다. 각 주제별로 암송말씀과 묵상안내가 있다. 묵상안내는 각각의 암송말씀이 우리의 내면과 생활과 무슨 관련이 있는지를 이해하도록 도와준다. 묵상안내의 질문은 우리에게 말씀하시는 하나님께 응답할 것을 촉구한다. 제시된 한줄기도는 기도를 생활화하는데 유익하다. 신앙생활에는 52가지 외에도 많은 주제들이 있다. 52가지는 기본주제일 뿐이다. 나는 당신이 52가지를 먼저 인생말씀으로 삼기를 원한다. 이 말씀이 당신의 내면과 생활에 뿌리내리기를 원한다. 나아가 당신만의 인생말씀을 더해가기를 바란다. [부록Ⅱ.인생말씀플러스]는 이를 위한 여백이다.

인생말씀은 기독교영성의 3가지 전통을 적용했다. 묵상기도와 중보기도와 성찰기도가 그것이다. 세 기도는 기도의 훌륭한 밸런스를 제공한다. 묵상기도는 말씀에 강조점이 있고 중보기도는 사람에 강조점이 있고 성찰기도는 생활에 강조점이 있다. 기도가 형식화되는 이유는 말씀이 무시되고 사람이 배제되고 생활을 외면하는 것에 있다. 세 기도는 말씀이 말하게 하고 사람이 말하게 하고 생활이 말하게 하는 대화의 기도다. 세 기도는 '균형영성'에 큰 도움을 준다. 각각의 기도에 대한 구체적인 설명은 다음 장에서 소개하겠다. (기독교영성의 3가지 기도전통은 영성신학을 가르치시는 이강학 교수님의 안내를 주로 참고했다.)

균형영성 | 묵상기도 × 성찰기도 × 중보기도

* * *

묵상기도

 많은 이들이 깊은 기도를 하고 싶어 한다. 깊은 기도란 사리사욕을 구하는 게 아니다. 영혼이 성령을 따라 기도하는 것이다. 어떻게 이것이 가능한가? 말씀묵상을 하면 가능하다. 문제는 우리가 말씀묵상을 성경공부 하듯이 한다는 것이다. 또한 기도는 소원청구 하듯이 한다는 것도 문제다. 그래서 말씀묵상은 메마르고 기도는 메아리가 되고 만다. 우리는 참된 말씀묵상으로부터 깊은 기도로 나아가는 법을 배울 필요가 있다. 이것을 기독교 영성사에서는 '말씀묵상기도'라고 한다.
 말씀묵상기도는 6세기 베네딕트 수도회의 '거룩한 독서'(렉시오 디비나, lectio divina)로부터 시작되었다. 이것이 12세기에 카르투지오회의 9대 원장인 귀고2세에 의해 4단계로 체계화 되었다. 4단계는 독서-묵상-기도-관상이다. 귀고2세는 각 단계의 의미를 이렇게 표현했다. "독서는 행복한 삶의 감미로움에 대해 살펴보는 것이고, 묵상은 그 감미로움을 발견하는 것이며, 기도는 그것을 청하는 것이고, 관상은 그것을 맛보는 것이다." 또한 각 단계의 유기적 관계를 다음과 같이 강조했다. "묵상 없는 독서는 건조하며 독서 없는 묵상은 오류에 빠지기 쉽고, 묵상 없는 기도는 미지근하며 기도 없는 묵상은 결실이 없다. 정성들인 기도는 관상을 얻게 해주며, 기도 없는 관상의 선물은 드물고 기적에 가까운 것이다."

말씀묵상이란 하나님의 사랑의 말씀 앞에 서는 거다. 그 말씀을 잠잠히 듣는 거다. 그 말씀을 곰곰이 생각하는 거다. 그 말씀을 음미하며 살피는 거다. 기도란 그 말씀에 대한 나의 반응이며 응답이다. 나의 갈망이며 물음이다. 나의 찬양이며 감사이다. 이렇게 말씀에 대한 영혼의 반응으로부터 드려지는 기도는 하나님을 체험하는 지름길이다.

기도의 단계에서 우리는 관상(contemplation)을 체험하게 될지도 모른다. 관상이란 기도라기보다는 영적 체험에 가깝다. 노력해서 얻어지는 것이 아니라 은혜로 주어지는 것이다. 관상이란 우리의 영혼이 은혜로 하나님의 사랑을 충만히 느끼는 상태이다. 관상의 특징은 망각과 몰두이다. 주님만 보이는 상태이다. 하늘의 기쁨을 맛보는 상태이다. 은혜로 그 시점에 이르렀을 때 우리에게 필요한 자세는 그 사랑을 누리며 그 사랑에 머무르는 것뿐이다.

묵상기도 실습

1. 준비
- 조용한 시간과 장소를 정하고 몸과 마음을 편안히 준비한다.
- 묵상본문을 정하고 하나님의 임재를 구한다.

2. 읽기
- 첫 번째 읽기: 천천히 읽으며 내용을 파악한다.
- 두 번째 읽기: 가장 와닿는 단어나 구를 선택한다.

3. 묵상
- 선택한 말씀의 의미를 곰곰이 생각한다.
- 선택한 말씀이 자신에게 어떤 의미인지 살펴본다.

4. 기도
- 묵상의 결과로 마음에 일어나는 반응으로 기도한다.
- 오늘 하루를 위해 자유롭게 기도한다.

5. 관상
- 받은 은혜를 음미하듯 머무르며 하나님을 바라본다.

6. 한줄기도
- 짧고 간결한 한줄 기도문을 만들어 기도한다.

7. 실천
- 경험한 것을 영성일기에 기록하고 소그룹과 나누며 실천한다.
- 하루 동안 수시로 말씀묵상과 한줄기도로 묵상기도를 이어간다.

***

성찰기도

앞에서 소개한 묵상기도는 선하신 하나님께 집중하는 가장 확실한 기도방법이다. 나를 사랑하시는 하나님의 마음과 뜻을 분별하는 가장 안전한 길이다. 묵상기도는 성경을 천천히 읽으면서 머무르고 음미한 말씀으로 드리는 기도다. 그래서 묵상기도의 시간은 진리를 따라 자신의 영혼과 인생의 지도를 새롭게 하는 소중한 시간이 된다.

반면에 성찰기도는 하루의 일상을 돌아보며 하나님의 임재의 순간과 어둠의 순간을 분별하는 매우 소중한 기도방법이다. 성찰기도는 하루를 한 장면씩 되짚어보며 감사하거나 회개하거나 결단하면서 삶으로 드리는 기도다. 그래서 성찰기도의 시간은 성령의 빛 아래에서 자신의 영혼과 삶의 나침반을 새롭게 조명하는 값진 시간이 된다.

성찰기도는 매일 밤 하나님 앞에서 자기를 살펴보는 것이다. "나를 훈계하신 여호와를 송축할지라. 밤마다 내 양신이 나를 교훈하도다."(시16:7) 또한 하나님의 시선으로 자신의 생각과 감정과 행위, 즉 전인을 살펴보는 것이다. "하나님이여 나를 살피사 내 마음을 아시며 나를 시험하사 내 뜻을 아옵소서. 내게 무슨 악한 행위가 있나 보시고 나를 영원한 길로 인도하소서."(시139:23-24) 그리고 성찰기도의 목표는 깨끗한 마음이 되어 하나님을 보게 되는 것이다. 우리는 예수님의 팔복의 약속을 알고 있다. "마음이 청결한 자는 복이 있나니 그들이 하나님을 볼 것임이요."(마5:8) 그래서 초대교회 이후 사막의 교부들은 수도생활에서 청결한 마음을 가장 중요하게 생각했다.

성찰기도는 우리의 영적 시력을 회복하게 도와준다. 그래서 어둠과 빛을 명확하게 보게 한다. 성령의 역사와 마귀의 역사를 분별하게 한다. 그러므로 삶으로 예배하고자 하는 자는 영적분별을 위해 성찰기도를 실천하고 연습해야 한다. [부록 Ⅳ.성찰기도밸런스]

"그러므로 형제들아 내가 하나님의 모든 자비하심으로 너희를 권하노니 너희 몸을 하나님이 기뻐하시는 거룩한 산 제물로 드리라. 이는 너희가 드릴 영적 예배니라. 너희는 이 세대를 본받지 말고 오직 마음을 새롭게 함으로 변화를 받아 하나님의 선하시고 기뻐하시고 온전하신 뜻이 무엇인지 분별하도록 하라." (롬12:1-2)

성찰기도 실습

1. 준비
- 조용한 시간과 장소를 정하고 몸과 마음을 편안히 준비한다.
- 하루를 지내고 난 뒤인 저녁시간이 좋다.

2. 시작기도
- 하루에 대한 감사기도와 분별을 위한 청원기도를 드린다.

3. 성찰기도
- 하나님의 시선으로 지난 하루를 현시점부터 거꾸로 돌아본다.
- 하나님을 가깝게 느낀 순간들을 떠올린다. (믿음, 소망, 사랑 등의 감정)
- 하나님을 멀게 느낀 순간들을 떠올린다. (불신, 절망, 미움 등의 감정)
- 내 마음을 가장 사로잡은 사건이나 생각은 무엇이며 왜 그런가?

4. 마침기도
- 성찰기도를 하면서 깨달은 바와 느낀 바로 기도한다.
- 함께 하심을 감사드리고 깨달은 죄를 회개하며 도우심을 구한다.

5. 기록
- 경험한 것을 영성일기에 기록한다.

***

중보기도

예수님은 우리의 중보자로 오셨다. 중보자는 다리다. 하나님과 사람 사이의 다리다. 다리는 이어준다. 하나님과 사람 사이의 끊어진 다리를 이어준다. 그래서 중보는 사랑이다. 하나님을 위하고 사람을 위하는 사랑이다. 그래서 '사랑의 중보자'는 예수님의 또 다른 이름이다. 예수님을 따르는 사람들의 운명도 이와 같다. 사랑의 중보자가 되는 것이다. 사랑의 중보자는 하나님과 사람을 섬긴다. 이것이 삶의 목적이고 의미다. 중보자의 가슴은 뜨겁고 중보자의 손은 부지런하다. 그래서 중보자는 기도한다. 우리는 누군가를 위해 기도하면 그게 중보기도라고 착각한다. 그런 건 세상도 한다. 우리의 다름은 중보기도를 하는 것에 있지 않고 중보자로 사는 것에 있다(고후5:18).

중보자로 사는 자가 드리는 중보기도는 다르다. 목적과 내용이 다르다. 그의 기도는 하나님과 사람 모두를 위한다. 하나님을 위하기 때문에 사람을 향한 하나님의 사랑으로 기도한다. 기도에 하나님의 뜻이 묻어있다. 사람을 위하기 때문에 하나님을 향한 사람의 갈망으로 기도한다. 기도에 사람의 소원이 묻어있다. 사실 다 아시는 하나님께 기도하는 행위는 불필요해 보인다. 그런데 희한하게도 기도야말로 우리의 믿음을 고스란히 드러내고 강력하게 요구한다. 중보기도는 더 불필요해 보인다. 마치 스스로의 기도로는 부족하다는 느낌을 주지 않는가? 그런데 희한하게도 중보기도야말로 서로간의 사랑을 고스란히 드러내고 강력하게 요구한다. 중보자의 삶은 아름답다(딤전 2:1-5).

"그러므로 내가 첫째로 권하노니 모든 사람을 위하여 간구와 기도와 도고와 감사를 하되, 임금들과 높은 지위에 있는 모든 사람을 위하여 하라. 이는 우리가 모든 경건과 단정함으로 고요하고 평안한 생활을 하려 함이라. 이것이 우리 구주 하나님 앞에 선하고 받으실 만한 것이니 하나님은 모든 사람이 구원을 받으며 진리를 아는 데에 이르기를 원하시느니라. 하나님은 한 분이시요 또 하나님과 사람 사이에 중보자도 한 분이시니 곧 사람이신 그리스도 예수라."

중보기도 아이디어

1. 중보기도리스트 [부록Ⅲ. 중보기도밸런스]
- 대상자의 이름과 기도제목을 기록하고 응답여부를 체크한다.

2. 예수기도활용
- "주 예수 그리스도 하나님의 아들이시여, (   )를 불쌍히 여기소서!"

3. 말씀축복기도
- "사랑하는 (   )여 네 영혼이 잘됨 같이 ~" (요삼1:2)

4. 손가락기도 (가족중보로 추천)
- 손가락마다 가장 중요한 중보의 대상을 연결해서 기억한다.

5. 중보기도항아리 (공동체중보로 추천)
- 개인이 이름이 적힌 중보기도제목을 뽑아 지니고 다니며 기도한다.
- 공동체가 서로의 중보기도제목을 뽑아 특정기간 서로를 위해 기도한다.

생활영성 | 말씀암송묵상기도

묵상기도와 중보기도와 성찰기도는 '기도의 삼위일체'처럼 균형을 잡아준다. 문제는 묵상기도를 실천하기가 쉽지 않다는 것이다. 여기에는 세 가지 이유가 있다.

첫째 이유는 너무 많은 양의 본문을 묵상한다는 것이다. 대부분의 큐티책은 하루 동안 묵상할 본문의 양이 상당하다. 그렇게 하는 이유에는 너무 적은 분량으로 나눠 묵상할 경우 성경전체를 묵상하기까지 시간이 너무 오래 걸릴 수 있다는 계산도 들어 있다. 많은 분량을 묵상하고 기도하는데 어려움이 없는 이들도 있을 수 있다. 하지만 많은 이들이 큐티책을 그날의 성경본문과 관련 글을 읽는 정도의 용도로 사용하고 있다. 다시 말해 묵상이 아니라 그냥 읽기를 하고 있다. 그것도 다행이라면 다행이지만 묵상에 좀 더 집중해서 내면화하고 생활화할 수 있도록 본문의 양을 줄일 수 없을까?

둘째 이유는 성경전반을 묵상하고 신앙전반을 이해하기까지 너무 오래 설린다는 것이다. 성경 전체를 묵상하기도 어렵고 그렇게 한다고 해서 성경전반을 이해하게 되는 것도 아니며 신앙전반을 숙고하게 되는 것도 아니다. 특히 새신자들에게 큐티를 한다는 것은 성경이라는 큰 숲에 아이를 혼자 떨어뜨려 놓고 스스로 길을 찾아보라고 하는 것과 같다. 아무런 안내 없이 여행하기에는 성경이라는 숲은 너무 광활하다. 그렇게 되면 말씀을 묵상하는 것과 하나님을 알아가는 것이 관련없는 것처럼 여겨지기 쉽다. 묵상을 해도 성장하지 않는 것처럼 느껴진다. 묵상기도 자체가 성경에 대한 이해를 확장시키고 하나님을 알아가고 경험하는 신앙제자훈련의 과정이 될 수는 없을까?

　셋째 이유는 묵상을 겨우 한 번만 한다는 것이다. 묵상은 깊이 생각하는 거다. 말씀과 깊이 대화하는 거다. 그러려면 충분한 시간이 필요하다. 우리는 하나의 본문을 30분 묵상하면 충분히 묵상했고 1시간 묵상하면 많이 묵상했고 2시간 묵상하면 지나치게 묵상했다고 생각한다. 아니다. 묵상은 더 오래해야 한다. 묵상은 사골국을 끓이는 것과 같다. 우려내는 시간이 필요하다. 그러려면 해결책은 반복밖에 없다. 하지만 현대큐티의 모토는 '어제의 본문을 오늘 다시 묵상하지 말라.' 인 듯하다. 매일매일 큐티진도 나가기에 바쁘다. 하지만 은혜는 새로운 본문을 많이 만남이 아니라, 같은 본문과 깊이 만남에서 우러나온다. 물론 깊이를 추구하면 넓이가 문제가 된다. 그렇다면 영성의 깊이를 추구하면서도 넓이를 놓치지 않는 방법은 없을까?

이상의 세 가지 문제에 대한 해결책으로 만들게 된 것이 바로 '말씀암송묵상기도'이다. 이것은 말씀묵상기도의 '생활밀착형' 버전이라고 할 수 있다. 이 책이 중점을 두는 말씀암송묵상기도는 기존의 큐티방식을 보완하는 세 가지 장점이 있다.

첫 번째 장점은 내면화하고 생활화하는데 적합하다는 점이다. 본문의 양은 암기할 수 있을 만큼 적다. 일주일에 하나 혹은 두세 구절 정도다. 아무 구절을 선택한 것이 아니다. 최대한 신앙의 중요 주제를 드러낼 수 있고 성경의 많은 내용을 농축하고 있는 구절들을 선택했다. 이렇게 본문을 암기할 수 있을 만큼 줄인 이유는 말씀을 깊이 묵상해서 내면화하고 생활화하기 위해서이다.

두 번째 장점은 그 자체가 신앙전반을 다루는 신앙제자훈련이라는 점이다. 12개의 신학묵상과 52개의 신앙생활 주제와 관련된 말씀을 묵상하면서 성경과 신앙전반을 이해하고 숙고함으로써 하나님에 대한 이해가 넓어진다. 무엇보다 묵상안내를 참고해 내면 깊이 묵상하고 한줄기도로 생활 속에서 수시로 기도하는 영성생활은, 하나님을 경험하고 스스로를 하나님의 사람으로 세워가는 제자훈련이 된다.

세 번째 장점은 인생말씀이 생긴다는 점이다. 신앙인들이라면 좋아하는 성경구절 하나쯤은 다 있다. 문제는 그것이다. 왜 인생말씀이 하나뿐인가? 왜 누르면 튀어나오는 말씀, 관련 상황이 닥쳤을 때 붙잡을 말씀, 기도 중에 의지할 말씀이 그토록 빈약한가? 내 것이 된 말씀, 인생말씀이 없기 때문이다. 기록된 말씀은 반복해서 암기하고 반복해서 묵상하고 반복해서 기도해야만 인생말씀이 된다.

광야에서 시험을 물리치신 예수님을 보라. 무작정 '마귀야 물러가라' 하지 않으셨다. 구체적인 시험들을 구체적인 말씀으로 이기셨다. 기록된 말씀을 암기하고 묵상하고 기도해서 내면화하신 결과이다. 특정상황이 닥쳤을 때 관련 기억이 떠올라 기억이 상황에 영향을 끼치는 것을 '기억점화'라고 한다. 기억이란 다이너마이트에 불을 붙이는 것과 같다. 다이너마이트의 어원인 성령의 권능(뒤나미스)도 말씀이 기억나야 점화가 된다. 이렇게 보면 왜 우리의 삶에 약속된 성령의 권능이 이토록 희미하게 나타나는지 그 이유가 분명해지지 않는가. 기억하지 않은 탓이다. 말씀은 암송하고 묵상하고 기도하는 '말씀암송묵상기도'를 통해 인생말씀이 된다. 바로 그 인생말씀이 성령의 권능에 점화를 일으킨다. 이것이야말로 '생활영성'의 길이다.

말씀암송묵상기도 실습

1. 준비
- 조용한 시간과 장소를 정하고 몸과 마음을 편안히 준비한다.
- 암송할 구절을 정하고 하나님의 임재를 구한다.

2. 암송
- 성경구절을 적당히 끊어 여러 번 읽는다.
- 암송하면서 와닿은 단어나 구문을 선택한다.

3. 묵상
- 선택한 말씀의 의미를 곰곰이 생각한다.
- 선택한 말씀이 자신에게 어떤 의미인지 살펴본다.

4. 기도
- 묵상의 결과로 마음에 일어나는 반응으로 기도한다.
- 오늘 하루를 위해 자유롭게 기도한다.

5. 관상
- 받은 은혜를 음미하듯 머무르며 하나님을 바라본다.

6. 한줄기도
- 짧고 간결한 한줄기도문을 만들어 기도한다.

7. 실천
- 경험한 것을 영성일기에 기록하고 소그룹과 나누며 실천한다.
- 하루 동안 수시로 말씀암송과 한줄기도로 암송기도를 이어간다.

제2장
말씀암송묵상기도 실천

개인수련 | 활용순서

　일반적인 말씀암송묵상기도의 순서는 앞에서 소개한 바와 같다. 이번 장에서는 이 책을 활용한 말씀암송묵상기도의 방법과 순서를 소개하고자 한다. 하지만 새신자에게는 '묵상' 자체가 어려운 일일 수 있다. 혹은 새신자가 아니더라도 시간을 내어 규칙적으로 묵상하는 것은 기존 신자에게도 어려운 일일 수 있다. 그래서 개인수련을 할 때의 활용순서를 [정식]과 [약식] 두 버전으로 나누었다. 정식개인수련은 기존 신자들이나 시간을 충분히 낼 수 있을 때 할 수 있는 방식이다. 약식개인수련은 새신자나 시간이 부족할 때 할 수 있는 방식이다. 정식과 약식의 차이는 충분한 암송묵상의 시간을 갖는지 아닌지, 그래서 깊은 기도와 관상을 위한 시간을 갖는지 아닌지에 달려있다. 비록 충분한 암송묵상을 못하더라도 말씀과의 접촉을 조금이라도 갖는 것이 중요하기에 약식 버전도 제시했다.

  처음에는 한 주에 한 구절이 적다고 느껴질 것이다. 하지만 한 주 동안만 그 구절을 기억하자는 것이 아니다. 나는 당신이 최소한 달에 한 번은 '암송기도의 날'을 정해서 지금까지 암송한 구절들을 되뇌며 기도하기를 바란다. 그렇지 않으면 암송한 소중한 말씀들이 빛에 바래지듯이 마음에서 희미해져 갈 것이다. 암송은 하지 않을수록 어렵고 하면 할수록 쉽다. 반복하면 기억이 장기화되기 때문이다. 그러면 진짜 인생말씀이 되어 간다. 인생말씀은 기도와 생활 중에 자연스럽게 튀어나오고 영향을 끼친다. 걱정하지 않아도 되는 건 이 52개의 말씀을 반드시 1년 안에 마스터할 필요는 없다는 거다. 3년 혹은 수년에 걸쳐서 내 것으로 만들어가는 과정이 중요하다. 암송구절 옆에 [암송체크표]와 [부록Ⅰ.말씀암송체크표]는 기억의 정도를 확인하는데 도움이 된다. 암송체크는 최소 1주일이 지난 뒤에 암송여부를 확인하고 체크하기를 권한다. 하루나 일주일 동안 5번 암송한 것보다, 1년 동안 5번 암송하는 것이 장기기억에 더 도움이 되기 때문이다.

정식 개인수련 (30분)

*새로운 장이 시작될 때마다 신학묵상을 미리 읽어 두라.

1. 준비
- 조용한 시간과 장소를 정하고 몸과 마음을 편안히 준비한다.
- 신앙주제, 삶의 자리, 암송구절을 확인하고 하나님의 임재를 구한다.

2. 암송 (1~2. 10분할애)
- 성경구절은 적당히 끊어 여러 번 읽으며 암송한다.
- 묵상안내를 읽으며 암송구절을 이해한다.

3. 묵상
- 묵상질문을 참고해 말씀이 자신에게 어떤 의미인지 살펴본다.
- 암송말씀을 되뇌면서 와닿는 단어나 구문을 선택한다.
- 선택한 말씀의 의미를 곰곰이 생각한다.

4. 기도
- 묵상의 결과로 마음에 일어나는 반응으로 기도한다.
- 오늘 하루를 위해 자유롭게 기도한다.

5. 관상
- 받은 은혜를 음미하듯 머무르며 하나님을 바라본다.

6. 한줄기도 (3~6. 15분할애)
- 한줄기도문을 만들거나 제시된 한줄기도로 기도한다

7. 실천 (5분할애)
- 경험한 것을 영성일기에 기록하고 소그룹과 나누며 실천한다.
- 하루 동안 수시로 말씀암송과 한줄기도로 암송기도를 이어간다.

약식 개인수련 (10분)

*새로운 장이 시작될 때마다 신학묵상을 미리 읽어 두라.

1. 준비
- 조용한 시간과 장소를 정하고 몸과 마음을 편안히 준비한다.
- 신앙주제, 삶의 자리, 암송구절을 확인하고 하나님의 임재를 구한다.

2. 암송 (1~2. 5분할애)
- 성경구절을 적당히 끊어 여러 번 읽는다.
- 묵상안내를 읽으며 구절을 이해한다.

3. 묵상
- 묵상질문을 참고해 말씀이 자신에게 어떤 의미인지 살펴본다.

4. 기도
- 묵상의 결과로 마음에 일어나는 반응으로 기도한다.
- 오늘 하루를 위해 자유롭게 기도한다.

5. 한줄기도&실천 (3~5. 5분할애)
- 제시된 한줄기도로 기도한다.
- 하루 동안 수시로 말씀암송과 한줄기도로 암송기도를 이어간다.

공동수련 | 활용방법

　공동수련을 할 때의 활용방법도 [정식]과 [약식] 두 가지 버전이 있다. [정식 공동수련]은 정식개인수련을 하는 그룹을 위한 것이고 [약식 공동수련]은 약식개인수련을 하는 그룹을 위한 것이다. 정식이든, 약식이든 공동수련은 매우 중요하다. 은혜는 나눌 때 더 풍성해진다는 것은 은혜의 법칙이기 때문이다. 하나님은 그렇게 역사하신다. 정식이든 약식이든 공동수련에서 중요한 것은 함께 묵상을 시작하고 함께 묵상을 돌아보는 것이다. 그래서 공동수련은 전반부와 후반부로 나뉜다. 전반부에서는 한 주간의 묵상생활을 함께 나누고 후반부에서는 한 주간 진행할 묵상을 함께 시작한다.

정식 공동수련 (1시간)

준비
- 인원은 3-5명이 적당하다.
- 모임인도는 순서대로 담당한다.
- 조용한 시간과 장소를 정하고 몸과 마음을 편안히 준비한다.
- 큰 주제가 바뀔 때마다 신학묵상을 한 단락씩 돌아가며 읽는다.

1. 전반부 (15분할애)
① 지난 주 암송말씀을 동시에 암송한다.
② 한 주간의 암송기도생활 중에 깨닫고 느끼고 경험한 바를 나눈다.
③ 한줄기도로 서로 중보하거나 침묵기도나 대표기도로를 드린다.

2. 후반부 (45분할애)
① 인도자가 신앙주제, 삶의 자리를 확인시켜준다.
② 모두 함께 성경구절을 천천히 두 번 읽는다.
③ 인도자가 묵상안내를 읽는다. /5분경과
④ 각자 묵상질문을 참고해 말씀이 자신에게 어떤 의미인지 살펴본다.
⑤ 각자 암송말씀을 되뇌면서 와닿는 단어나 구문을 선택하여 묵상한다.
⑥ 각자 묵상결과로 마음에 일어나는 반응으로 기도한 뒤, 자유롭게 기도한다.
⑦ 각자 받은 은혜를 음미하듯 머무르며 하나님을 바라본다.
⑧ 인도자가 대표로 한줄기도를 드리고 기도를 마친다. /25분경과
⑨ 각자 경험한 것을 영성일기에 기록한다. /30분경과
⑩ 돌아가며 기도경험과 기도제목을 나누고 서로 중보한다. /45분경과

* 각자 주중에 암송기도를 실천하고 한줄기도로 서로를 위한 중보를 지속한다.

약식 공동수련 (30분)

준비
- 인원은 3-5명이 적당하다.
- 모임인도는 순서대로 담당한다.
- 조용한 시간과 장소를 정하고 몸과 마음을 편안히 준비한다.
- 큰 주제가 바뀔 때마다 신학묵상을 한 단락씩 돌아가며 읽는다.

1. 전반부 (5분할애)
① 지난 주 암송말씀을 동시에 암송한다.
② 자원자만 한 주간의 암송기도생활 중에 깨닫고 느끼고 경험한 바를 나눈다.
③ 모두 함께 한줄기도를 고백하고 30초간 침묵으로 기도한다. /5분경과

2. 후반부 (25분할애)
① 인도자가 신앙주제, 삶의 자리를 확인시켜준다.
② 모두 함께 성경구절을 천천히 두 번 읽는다.
③ 인도자가 묵상안내를 읽는다. /3분경과
④ 각자 묵상질문을 참고해 말씀이 자신에게 어떤 의미인지 살펴본다.
⑤ 각자 묵상결과로 마음에 일어나는 반응으로 기도한 뒤, 자유롭게 기도한다.
⑥ 인도자가 대표로 한줄기도를 드리고 기도를 마친다. /13분경과
⑦ 각자 경험한 것을 영성일기에 기록한다.
⑧ 돌아가며 기도경험과 기도제목을 나누고 서로 중보한다. /15분경과

* 각자 주중에 암송기도를 실천하고 한줄기도로 서로를 위한 중보를 지속한다.

CHAPTER

제 1 장. 계시

제 2 장. 성서

제 3 장. 하나님

제 4 장. 창조

제 5 장. 섭리와 악

제 6 장. 인간

제 7 장. 그리스도

제 8 장. 성령

제 9 장. 신앙

제 10 장. 교회

제 11 장. 사역

제 12 장. 종말

제 2 부
인생과 말씀의 대화
1년 365일 52주

제1장. 계시

신학묵상

***

계시

어떻게 하나님을 알 수 있을까? 하나님이 스스로를 드러내실 때 알 수 있다. 이것이 바로 계시다. 계시(apokalypsis)란 벗겨짐, 드러남, 밝혀짐을 뜻한다. 이 말은 하나님이 감추어져 있다는 걸 전제한다. 이렇게 감추어진 차원은 동방정교회에서 강조되었다. 이를 하나님의 암흑성(접근할 수 없음)과 불가해성(이해할 수 없음)이라고 한다. 우리는 그리스도 안에서조차 하나님을 청동거울로 보듯

희미하게 알 뿐이다.

그럼에도 불구하고 우리가 하나님을 알고 만날 수 있는 것은 무엇 때문일까? 하나님이 스스로를 드러내시는 은혜로운 계시 때문이다. 계시는 하나님을 만나게 한다. 나아가 그 하나님 안에서 세상과 우리 자신 역시 새로운 방식으로 보게 한다. 그래서 칼뱅은 계시를 안경에 비유했다. 눈이 매우 나쁜 아기가 처음으로 딱 맞는 안경을 쓰고 난생처음 세상을 목격하고는 놀라워하고 감격하는 영상을 본 일이 있다. 하물며 감추인 하나님이 우리에게 나타나신다면 어떻겠는가? 세상에 그보다 더 우리에게 충격을 주는 일은 없을 것이다. 그렇기에 하나님의 계시는 우리의 전인격적인 응답과 수용을 요청하는 '세계관의 혁명'이다.

* * *

계시의 모형들

계시를 이해하는 다양한 입장이 있다. 덜레스(A. Dulles)는 이를 다섯 가지 모형으로 정리한다. 첫 번째 계시의 모형은 계시를 명제들의 집합으로 본다. 이는 계시를 정확무오한 정보의 전달로 여기며, 근본주의 신학에서 주로 나타난다. 하지만 이 모형은 계시를 매개하는 성경 속의 특정한 사람들이나 사건들이 지닌 현실적인 차원을 고려하지 않는 단점이 있다.

두 번째 모형은 계시를 특정한 역사적 사건들로 본다. 이는 성경 속의 역사적 사건들에 나타난 하나님의 위대한 행동들에 주목한다. 하지만 이 모형은 성경 속의 인간의 반응이나 해석을 계시에서 배제한다. 그래서 성경의 일부만을 계시로 인정하는 단점이 있다.

세 번째 모형은 계시를 특별한 내적 경험으로 본다. 이는 계시와 관련해 개인의 현재적이고 내적인 경험을 주목한다. 하지만 이런 관점은 계시를 개인주의적인 경험관으로 협소시키는 단점이 있다.

네 번째 모형은 계시를 변증법적(상반된 두 차원의 역동적 종합) 현존으로 본다. 이는 계시하시는 하나님의 초월적이고 자율적인 차원과, 계시를 매개하는 현실의 유한하고 제한된 차원을 모두 인정하고 종합하려고 한다. 하지만 이는 성육신과 같은 궁극적인 차원의 계시를 설명하기 어려운 단점이 있다.

다섯 번째 모형은 계시를 변혁적인 행동을 초래하는 새로운 인식으로 본다. 이는 계시에 대한 반응으로 창조적인 상상이나 윤리적인 행동을 중요하게 여긴다. 그래서 적극적이고 참여적인 신앙으로 나아가도록 촉구한다. 하지만 이는 계시의 역사적 차원이나 초월적 차원이 약화되는 단점이 있다.

이러한 다섯 가지 계시모형은 각각 계시의 합리성과 역사성과 현재성과 초월성과 내재성을 강조한다. 이 모두를 포괄하는 계시에 대한 이해는 무엇일까? 우리는 성서가 최고의 계시라고 증언하는 '성육신하신 예수님'에게서 답을 찾아야 한다. 예수님은 인격체인 사람으로 오셨다. 사람은 인격체인 우리가 가장 잘 이해할 수 있는 계시의 형태이다. 즉, 인격적 계시만이 인격적 하나님의 실재를 만나기에 충분한 모형인 것이다. 이러한 '인격모형'은 계시의 합리성과 역사성과 현재성과 초월성과 내재성을 모두 포괄하며, 이 중 어떤 차원도 배제하지 않는다.

* * *

자연신학

칼뱅(J. Calvin)에 의하면, 사람에게는 종교의 씨앗과 같은 신성에 대한 감각이 있다. 하지만 이 감각은 죄에 의해 심각하게 약화되었다. 그래서 성경의 특별계시와 비교하면, 이 감각은 불충분하고 혼돈스럽고 모호하고 희미하다. 그런데 바로 이 점 때문에 칼뱅의 '일반계시'라는 표현에는 모순이 생긴다. 일반계시란 세계 일반에 하나님이 계시되었음을 뜻하면서, 동시에 죄 때문에 충분히 전달되지는 않았음을 뜻하기 때문이다. 그래서 이런 질문이 뒤따라온다. 온전히 정체가 드러나지 않는 불완전한 계시를 계시라고 할 수 있는가?

슐라이에르마허(F. Schleiermacher)는 계시란 자연계를 초월한 기적이 아니라, 유한자 속에서 무한자가 자신을 나타내는 위대한 신비라고 보았다. 이것을 의식하는 것이 절대의존의 감정이다. 판넨베르크(W. Panneberg)는 이것을 자의식 안에서의 경험적인 신 존재 증명이라고 했다. 틸리히는 이것을 감정이라기보다는 직관이며 궁극적인 관심에 관한 것이라고 했다. 여기서는 다음 질문이 뒤따른다. 인간이 절대의존의 직관으로 하나님의 계시를 파헤칠 수 있는가?

* * *

복음계시

이 두 물음에 대한 바르트(K. Barth)의 답변은 "Nein(아니요)"이다. 인간의 밖 자연에서든, 인간의 안 의식에서든 인간은 스스로 하나님의 계시에 이를 수 없다. 계시의 주체는 하나님이기 때문이다. 그리고 예수 밖에서는 온전한 계시에 이를 수 없다. 계시의 충만함은 오직 궁극적 계시인 예수님 안에 있기 때문이다. 예수님 안에서만 창조세계에 빛나는 하나님의 신성과 능력이 온전히 인식된다. 그러므로 복음계시는 일반적인 하나님에 대한 모든 이해를 끊임없이 도전하고 수정하며 넘어선다(롬1:17).

바르트에 의하면, 하나님의 말씀은 삼중형태로 나타난다. 첫째, 계시된 하나님의 말씀 자체이신 예수 그리스도다. 둘째, 이 예수에 관해 기록된 하나님의 말씀인 성서다. 셋째, 이 성서로부터 선포된 하나님의 말씀인 교회의 증언이다. 성서와 교회의 증언은 오직 예수를 가리키며 예수를 바라보기 위한 통로다. 그러므로 계시는 성령과 기도로 성서와 교회의 증언을 통해 지금도 계속된다. 즉, 계시는 현재적이고 살아있는 사건이다(엡1:17-19).

* * *

자연계시

복음계시가 전부인가? 복음 밖에서는 하나님의 계시가 없는가? 바르트가 자연신학을 거부한 이유는 하나님과 인간 사이의 구별이 모호해지는 '존재의 유비'(존재적 차원의 유사성) 때문이었다. 계시인식의 주체가 하나님이냐, 인간이냐는 그래서 중요했다. 바르트에게 계시란 복음을 통해 하나님의 실체가 드러나는 온전한 계시를 의미했다. 반면 칼뱅이 불완전한 일반계시를 계시라고 했던 것은, 그것이 복음만큼 온전하지 않고 죄에 의해 왜곡될 수 있지만 부정할 수 없는 하나님의 자기 드러냄이기 때문이다. 그런 점에서 바르트 역시 그의 후기 신학에서, 세상 속에는 완전하지는 않지만 하나님 나라의 유비들이 존재한다고 인정했다. 세상 속에는 수많은 '그리스도의 현존(존재함)의 표지들과 흔적들'이 있다는 것이다.

성서에서 자연현상들은 계시의 전달자나 하나님의 자기계시의 동반현상으로 많이 나타난다. 즉, 성서에서 자연은 하나님의 임재와 능력과 영광을 반영하는 하나님의 현존의 거울이다. 자연을 통한 하나님 인식은 언제나 '하나님의 은혜로운 자기개방'을 통해서만 가능하다. 인간과 역사와 생태계와 우주를 포함한 자연은, 복음과 같지는 않지만 성령님을 통해 죄로 눈먼 우리에게 하나님의 신성함과 선하신 능력을 계속 드러내는 계시의 통로가 된다(롬1:20).

1 자연 | 자연을 거닐며 (로마서 1:20)

*암송체크

20 창세로부터 그의 보이지 아니하는 것들 곧 그의 영원하신 능력과 신성이 그가 만드신 만물에 분명히 보여 알려졌나니 그러므로 그들이 핑계하지 못할지니라

묵상안내

자연은 하나님의 원초적 언어다. 우리는 자연 속에서 하나님의 신비와 능력을 본다. 기적은 기적적으로 발생하지 않는다. 세상이 그냥 기적이다. 자연을 보고도 경외감이 들지 않는 사람은 눈 먼 자이다. 하늘에 나는 새를 보라. 들에 핀 꽃을 보라. 바다 속 물고기를 보라. 온 세상이 하나님을 찬양한다.

자연을 깊이 들여다보았는가? 나를 감동시키는 하나님의 작품은 무엇인가? 하나님을 힘입어 숨쉬고 존재하고 있는 자신을 묵상해봤는가?

한줄기도

자연을 거닐며 하나님을 만납니다

안내묵상

반복묵상

자유묵상

2 복음 | 자격이 없다고 느껴질 때 (로마서 1:17)

*암송체크

17 복음에는 하나님의 의가 나타나서 믿음으로 믿음에 이르게 하나니 기록된 바 오직 의인은 믿음으로 말미암아 살리라 함과 같으니라

묵상안내

복음은 십자가의 복음이다. 십자가의 복음에는 하나님의 의가 나타났다. 이 의는 죄 많은 우리를 의롭게 한다. 하나님의 아들이 십자가에서 우리의 모든 허물과 죄를 담당하시고 대신 죽으셨기 때문이다. 은혜란 자격 없는 자에게 주어진 분에 넘치는 선물이다. 그러니 자격을 갖추거나 증명하려고 하지 말라. 자격 없는 자에게 필요한 건 자격이 아니라 믿음이다. 십자가를 바라보라.

하나님 앞에 자격이 없다고 느껴지는가? 무슨 자격이 필요한가? 하나님이 나를 의롭게 하셨다는 복음을 인정하는가?

한줄기도

하나님의 의가 나를 살립니다

안내묵상

반복묵상

자유묵상

3 계시기도 | 하나님을 더 알고 싶을 때 (에베소서 1:17-19)

*암송체크 ☐☐☐☐

17 우리 주 예수 그리스도의 하나님, 영광의 아버지께서 지혜와 계시의 영을 너희에게 주사 하나님을 알게 하시고 18 너희 마음의 눈을 밝히사 그의 부르심의 소망이 무엇이며 성도 안에서 그 기업의 영광의 풍성함이 무엇이며 19 그의 힘의 위력으로 역사하심을 따라 믿는 우리에게 베푸신 능력의 지극히 크심이 어떠한 것을 너희로 알게 하시기를 구하노라

묵상안내

계시는 하나님을 가린 장막이 거둬지는 사건이다. 우리 주 예수 그리스도의 하나님은 계시의 하나님이다. 계시의 하나님은 알려지기를 원하신다. 우리를 향한 당신의 마음과 뜻과 계획을 알려주고 싶어하신다. 계시기도는 알려지기를 원하시는 하나님께 당신을 알려 달라고 간청하는 정당한 기도다. 구하고 찾고 두드리는 자에게 계시는 항상 열려 있다.

하나님의 어떤 것을 발견했는가? 계시를 적극적으로 구해 봤는가? 부르심의 소망, 기업의 풍성함, 능력의 크심을 아는가?

한줄기도

하나님을 더 알게 하소서

안내묵상

반복묵상

자유묵상

제2장. 성서

신학묵상

***

성경

 성경은 이스라엘과 예수의 삶 속에 역사하신 하나님의 은혜를 증언한다. 성경은 우리를 성령의 능력 가운데 예수 그리스도 안에서 계시된 하나님과 관계를 맺게 해준다. 성경은 비록 기록된 문서이지만, 살아계신 하나님의 입으로부터 나와서 우리를 살리는 말씀이 된다(마4:4).

***
성경의 탄생과정

성경은 하나님의 특별한 계시와 영감을 받아 1,600년 동안 40명의 저자에 의해 기록된 책들의 묶음이다. 지금의 성경 외에도 이스라엘의 역사 속에는 많은 문서들이 있었지만, 성경으로서의 권위를 인정받지는 못했다. 구약 39권과 신약 27권만이 지금의 성경, 즉 정경으로 인정되었다.

정경은 영어로 Canon인데, 이는 갈대나 막대기를 뜻하는 히브리어 '카네'가 헬라어 '카논'으로 번역된 것이 그 유래다. 히브리어 '카네'는 습지에 자라는 길고 곧은 갈대 식물이다. 이는 길고 짧거나 곧고 굽은 것을 구별하기 위한 잣대로서 고대의 측량도구로 사용되었다. 이런 연유로 이 단어는 무언가를 측정하는 척도나 표준, 진위여부를 가리는 기준의 의미를 갖게 되었다. 그래서 정경(케논)으로서의 성경은 신자들의 삶의 절대적 척도가 되는 거룩한 책이다.

정경의 기준은 구약성서의 경우에는 하나님의 영감의 증거가 있는지, 하나님의 진리를 담지하고 있는지, 하나님의 섭리로 잘 보존되었는지, 예수와 사도에 의해 인용되고 인증되었는지가 중요했다. 신약성서의 경우에는 여기에 더하여 사도적 권위가 있는지, 교회와 교부들에 의해 보편적으로 인정되었는지가 중요했다. 이러한 기준들에 의해 수많은 위경들이 제외되었다.

개신교에서는 지금의 39권을 구약의 정경으로 최종 인정했다. 39권의 최종편집은 통상 B.C. 5-4세기경의 에스라 시대에 이루어진 것으로 본다. 그리고 유대세계에서의 구약 정경화는 예루살렘 성전이 파괴된 후 A.D. 90년 자카이(Johanan ben Zakkai)의 주도하에 소집된 얌니아(Jamnia) 종교회의 때로 본다. (이 신 바리새파의 회의는 기독교를 정죄하는 내용이 포함되어 있었고, 당시 많이 사용되던 B.C. 3세기에 헬라어로 번역된 칠십인역의 권위도 인정하지 않았으며, 히브리어 사본이 없는 문서를 정경에서 배제했다.) 그렇게 전승되던 자음으로만 기록된 전통 히브리어 본문을 A.D. 5-9세기에 마소라 학파가 모음과 발음기호 등을 추가했다. 그것이 바로 지금의 마소라(Massora) 본문이다. 개신교는 칠십인역 성서를 정경으로 따르던 기존의 가톨릭 전통과 결별하고 마소라 본문만을 채택한 종교개혁자 마르틴 루터의 영향을 받아, 유대교처럼 마소라 본문의 39권만을 구약의 정경으로 인정했다. 이는 개신교가 얌니아 회의의 결정의 권위를 인정했다기보다는, 구약의 원어인 히브리어와 아람어로 기록된 원전의 중요성과 앞에서 말한 정경의 기준들에 근거한 결정이었다.

(가톨릭과 개신교의 중간형태를 보이는 성공회는 집회서와 같은 일부 외경을 준 정경으로 받아들인다. 가톨릭은 마소라 본문을 사용하기는 하지만, 그것만을 정경으로 받아들이지는 않는다. 그들은 마소라 성서에는 없고 칠십인역 성서에만 있으며 유대교와 개신교가 외경이라고 부르는 책들인, 토비트, 유딧, 지혜서, 집회서, 바룩, 마카베오 상·하도 정경으로 받아들인다. 동방정교회의 경우는 마소라 성서를 사용하지 않고 공식 전례 본문으로 칠십인역 성서를 사용한다.)

신약성경은 지금의 27권이 정경으로 최종 인정되었다. 구약과 달리 모든 기독교는 공통적으로 27권만을 정경으로 인정한다. 신약성경은 A.D. 1세기경에 기록되었지만, 27권이 정경으로 공식화된 것은 4세기 말에 가서였다. 이단들이 많아지면서 정경의 범위를 확실히 할 필요가 커졌다. 하지만 초기에 쉽게 정경으로 인정받은 사복음서와 바울서신들과는 달리, 일반서신 중에서도 7권의 책, 히브리서, 야고보서, 베드로후서, 요한2·3서, 유다서, 요한계시록은 정경으로 인정받기까지 시간이 걸렸다. 여러 차례의 종교회의를 거쳐 아타나시우스에 의해 최종 주장된 27권의 신약성경은, 마침내 397년 카르타고 종교회의에서 정경으로 최종 인정되기에 이른다.

참고로 오늘날과 같은 방식의 성경의 장과 절의 구분은 여러 시도가 있었지만, 16세기 중반 인쇄업자 로버트 스테파누스가 끼친 영향이 가장 크다.

* * *
성경의 권위와 해석방법

성경의 권위에 대한 부적절한 접근들이 있다. 첫째, 성경을 초자연적으로 생겨났다고 보는 '성서문자주의'다. 물론 성서는 하나님의 감동으로 기록된 초자연적 측면이 있다. 하지만 성서는 특정시대에 특정사람들에 의해 특유한 방식으로 기록된 자연적 측면도 있다. 하지만 이들은 초자연적인 측면만 인정한다. 이는 카톨릭이 1870년에 교황무오설을 주장한 것과 비슷하다.

둘째, 성경을 단순히 '역사적인 자료'일 뿐이라고 보는 근대 역사주의이다. 이들에게 중요한 건 본문 자체가 아니다. 본문 자체는 성서기자에 의해 각색된 것으로 오리지널이 아니기 때문이다. 오리지널은 본문 뒤에 숨어 있는 진짜 역사로서의 그 무엇이다. 하지만 그 오리지널을 역사가들이라고 명명백백 밝힐 수 있는가? 오히려 역사가의 근대적 주관에 의해 성서가 재구성될 수 있다. 그럼 성경의 이야기는 사라져 버린다.

셋째, 성경은 '종교적 고전'일 뿐이라고 보는 견해이다. 이들은 성경으로부터 하나님의 구원이 아니라 고대인류의 교훈을 얻는다. 이들은 성경을 통해 하나님과 살아있는 관계를 맺는 영적인 일에는 관심이 없다. 한 번쯤 읽어볼 만한 책으로 여긴다.

넷째, 성경을 '개인경건서'로 간주하는 견해이다. 이들의 관심사는 하나님과 자신과의 관계다. '나'에게 지나치게 초점이 맞춰진 성경관은, 성경을 오해해 개인주의적 신앙을 초래한다. 성서는 개인경건뿐 아니라, 교회와 지역사회를 포함한 역사와 세계를 위한 것이다. 주기도는 한결같이 '우리'를 주어로 한다.

그렇다면 성경을 어떻게 볼 것인가? 성경은 과연 하나님의 말씀이 맞는가? 축자영감설(글자 하나하나가 영감을 받아 지시에 의해 기록되었다는 주장)을 주장하는 자들은, 먼저 성서가 최초에 축자영감으로 기록되었더라도 그 원본이 현재 존재하지 않으며, 조금씩 다른 사본들만이 존재한다는 사실을 고려해야 한다. 만약 우리가 예수의 참된 인간성을 받아들일 수 있다면, 하나님의 계시를 담지한 성서의 인간적 모호성도 받아들일 수 있어야 한다.

루터(M. Luther)는 우상숭배 가운데 '성경숭배'를 포함시켰다. 그는 그리스도의 자유의 복음을 잘 드러내지 못하는 모든 성경본문을 지푸라기라고 했다. 칼뱅도 하나님이 성경 전체의 저자이시지만, 성경은 그리스도를 선명하게 드러낼 때만 생명의 말씀이 된다고 했다(딤후3:15-17). 칼 바르트 역시 참된 증언은 그가 증언하는 대상과 동일하지 않으며, 그 대상을 우리 앞에 놓이게 한다고 했다. 그러므로 성경은 오직 파생적 의미에서 하나님의 말씀이며, 말씀 자체이신 그리스도와 구별된다. 하지만 여전히 그리스도를 증언하는 성경은 미로슬라브 볼프(M. Volf)의 표현대로 유일무이하고 대체불가능한 '하나님의 계시의 처소'다.

성경을 어떻게 해석할 것인가? 몇 가지 원칙이 있다. 첫째, 성경은 '예수의 하나님 중심적'으로 해석해야 한다. 구약의 주석은 신약이고 신약의 주석은 예수이기 때문이다. 둘째, 성경은 '문학적'으로 해석해야 한다. 성서는 다양한 장르로 기록되었기에 문학적 장치들이 고려되어야 한다. 셋째, 성경은 '역사적'으로 해석해야 한다. 기록 당시의 상황과 문화가 고려되어야 한다. 그렇지 않으면 가현론적(신의 육체적 현현을 부정한 고대이단) 해석을 하게 된다. 반대로 근대적 의미의 역사성만 강해지면 실증주의적(과학적 증거가 있어야만 사실로 인정) 해석을 하게 된다. 그래서 '신뢰와 의혹의 해석학'이 모두 요청된다. 넷째, 성경은 '대화적'으로 해석해야 한다. 본문의 의미와 우리의 상황이 대화해야 한다. 본문의 의미는 우리의 상황에 따라 달라진다. 우리의 상황이 고려되지 않은 본문이해는 우리에게 의미가 없다. 하나님은 성경을 통해 우리에게 말을 거신다. 우리도 성경을 통해 하나님께 말을 걸 수 있다. 이 쌍방의 대화가 바로 '묵상'이다(시1:1-3).

4 성경 | 신앙생활이 막막할 때 (디모데후서 3:15-17)

*암송체크 ☐☐☐☐

15 또 어려서부터 성경을 알았나니 성경은 능히 너로 하여금 그리스도 예수 안에 있는 믿음으로 말미암아 구원에 이르는 지혜가 있게 하느니라 16 모든 성경은 하나님의 감동으로 된 것으로 교훈과 책망과 바르게 함과 의로 교육하기에 유익하니 17 이는 하나님의 사람으로 온전하게 하며 모든 선한 일을 행할 능력을 갖추게 하려 함이라

묵상안내

성경은 하나님을 가리키는 나침반이며 손가락이다. 성경의 주인공은 하나님과 우리 사이를 이어 주시는 예수님이기 때문이다. 신앙생활이 막막한 것을 당연하게 생각하지 말라. 우리는 예수님 안에서 성경의 축복을 누릴 수 있다. 성경은 우리를 하나님의 구원으로, 믿음의 세계로, 의로운 삶으로 인도한다. 성경은 하나님의 사람을 온전하게 하여 모든 선한 일을 행할 능력을 갖추게 한다.

성경의 능력을 믿는가? 성경으로부터 무엇을 기대하는가? 성경의 축복을 방해하거나 도와주는 것은 무엇인가?

한줄기도

성경의 축복을 누리게 하소서

안내묵상

반복묵상

자유묵상

5 기억 | 하나님과 멀어질 때 (마태복음 4:4)

*암송체크 ☐☐☐☐

4 예수께서 대답하여 이르시되 기록되었으되 사람이 떡으로만 살 것이 아니요 하나님의 입으로부터 나오는 모든 말씀으로 살 것이라 하였느니라 하시니

묵상안내

　기억은 연결시킨다. 망각은 단절시킨다. 망각은 하나님과 멀어지게 한다. 이것만은 기억하라. 하나님을 기억하면 하나님과 연결된다. 사람은 존재의 근원이신 하나님과 연결되어야 산다. 떡으로만 못 산다. 하나님은 연결을 원하신다. 그래서 말씀하신다. 신실한 하나님의 말씀은 어제나 오늘이나 영원토록 동일하다. 그렇기에 기록된 말씀을 기억하는 것보다 지혜로운 건 없다.

　나는 하나님과 연결되어 있는가? 하나님과 연결되는데 뭐가 도움이 될까? 기록된 말씀을 기억하려면 어떻게 해야 할까?

한줄기도

하나님의 말씀으로 살게 하소서

안내묵상

반복묵상

자유묵상

6 묵상 | 성경이 은혜가 안 될 때 (시편 1:1-3)

*암송체크 ☐☐☐☐

1 복 있는 사람은 악인들의 꾀를 따르지 아니하며 죄인들의 길에 서지 아니하며 오만한 자들의 자리에 앉지 아니하고 2 오직 여호와의 율법을 즐거워하여 그의 율법을 주야로 묵상하는도다 3 그는 시냇가에 심은 나무가 철을 따라 열매를 맺으며 그 잎사귀가 마르지 아니함 같으니 그가 하는 모든 일이 다 형통하리로다

묵상안내

　묵상은 하나님의 말씀을 되새기는 거다. 성경이 은혜가 안 되는 이유는 묵상하지 않아서다. 되새기면 의미가 깊어지고 나와 관련도 있어진다. 그러면 말씀과 인생이 대화하게 된다. 말씀은 인생이 되고 인생은 말씀이 된다. 하나님께 뿌리내린 말씀인생은 형통할 수밖에 없다. 그는 정확히 시냇가에 심은 나무와 같다. 죄악의 길을 따를 수 없고 교만의 자리에 앉을 수 없다.
　성경이 은혜가 안 되는가? 말씀과 인생이 대화하는가? 하나님께 뿌리내린 말씀인생은 형통한다는 사실을 믿는가?

한줄기도

말씀을 묵상함으로 하나님께 뿌리내리게 하소서

안내묵상

반복묵상

자유묵상

제3장. 하나님

신학묵상

* * *

하나님

 이성과 과학을 만능으로 여기는 근대를 거치면서, 하나님은 그 존재유무 자체가 의심을 받게 되었다. 포이에르바하(L. Feuerbach)는 하나님을 인간의 잠재력의 투사라고 보았고, 프로이트(S. Freud)는 신앙을 유아적 환상에 지나지 않는다고 했다. 심지어 마르크스(K. Marx)는 부조리한 현실을 강화시키는 종교를 민중의 아편이라고까지 표현했다. 하지만 하나님은 실증주의적으로 증명할 수 있는 대상이 아니다. 하나님은 영이시기 때문이다(요 4:23-24). 영이란 '존재의 심연'과 같다. 영이신 하나님은 존재의 근거이자 근원이며, 우리가 다 이해할 수 없는 깊이가 있기 때문이다. 그래서 존재의 근원과 목적에 관한 인간의 궁극적인 물음은 늘 하나님께 닿아 있기 마련이다.

* * *

하나님의 속성

고대와 중세 이후의 서구 신관은 플라톤과 아리스토텔레스의 영향을 받으며 형성되었다. 그렇게 형성된 고전적 유신론은 토마스 아퀴나스(T. Aquinas)에 이르러 절정에 이른다. 그래서 이를 토마스주의적인 초월적 유신론이라고 부르기도 한다. 그리핀(D. Griffin)은 그 핵심을 다음의 8가지로 보았다. 순수현실태(스스로는 움직이지 않으나 모든 것을 움직이게 하는 부동의 원동자인 순수형상), 불변성, 무감각성, 무시간성, 단순성, 필연성(반드시 그렇게 되고 달리 존재할 수 없는 것), 전지성(모든 것을 아는 것), 전능성(모든 것을 할 수 있는 것).

이러한 신관에는 딜레마가 있다. 사랑의 하나님을 말하면서도 세상과 진정한 의미에서 관계를 맺지 못하는 그런 하나님을 말하게 되기 때문이다. 이러한 모순을 해결하기 위해 중세 이후에는 하나님의 속성을 다음과 같이 분류했다. 전능성과 같은 절대적이고 (인간과 공유하지 않는) 비공유적 속성과, 자비와 같은 상대적이고 (인간과 공유하는) 공유적 속성이 그것이다. 하나님을 모순되는 두 속성을 모두 지닌 분이라고 설명하기 위해서다. 하지만 문제는 이러한 서로 다른 두 속성이 어떻게 하나님 안에서 조화될 수 있는지가 설명되지 않았다는 점이다.

이런 점 때문에 파스칼은 철학자와 학자의 하나님을 선호하지 않았는지도 모른다. 그들은 이해할 수 없는 하나님을 설명하려고 하고 그래서 모순적인 하나님을 제시하기 때문이다. 오히려 파스칼은 아브라함과 이삭과 야곱의 하나님, 예수 그리스도의 하나님을 더 선호한다고 고백했다. 그는 나타난 그대로의 하나님, 인간적인 하나님에게서 인간과 진정한 관계를 맺으시는 하나님의 은혜를 이해할 수 있었고 체험할 수 있었기 때문이다.

더 나아가 이제는 '십자가에 달린 하나님'을 얘기하는 시대가 되었다. 로날드 고츠(R. Goetz)는 하나님이 고통당하신다는 고대의 성부수난설적(성부가 고난당하셨다는 주장) 이단이 이제는 사실상 새로운 정통주의가 되었다고 말한다. 화이트 헤드(A.N. Whitehead)에 의하면 하나님의 힘은 강제의 힘이 아니라 설득의 힘이다. 이 힘은 인간의 응답에 항상 열려 있는 '관계적인 힘'이다. 하트숀(C. Hartshorne)은 이것을 하나님의 절대성과 대비되는 하나님의 상대성이라고 표현한다. 그는 하나님을 모든 가치를 향유함으로써 다른 모든 존재를 능가하는 완전자라고 표현한다. 몰트만(J. Moltmann)과 판넨베르크 역시 하나님은 시간 너머 저 영원의 차원에 따로 떨어져 계신 초월적 존재가 아님을 강조한다. 그들에 따르면, 하나님은 철저히 시간적인 분이며 오직 미래라는 지평에서만 초월적인 존재라는 것이다.

요지는 이것이다. 하나님은 무감동의 하나님이 아니라 감동의 하나님이며, 부동의 하나님이 아니라 반응하시는 하나님이며, 무감각한 하나님이 아니라 고통당하시는 하나님이며, 비인격적인 하나님이 아니라 인격적인 하나님이며, 멀리 떨어져 계신 하나님이 아니라 깊숙이 들어와 계신 하나님이다. 즉, 예수님을 통해서 드러난 하나님의 실체는 오직 사랑인 것이다(요4:23-24). 그렇다면 하나님은 모든 것을 초월하신다는 철학자들의 막연한 이해는 수정되어야 한다. 이런 점에서 초월성(너머에 있음, 완전히 구별됨을 의미)이란 역설적이게도 급진적인 내재성(안에 있음)이라는 죌레(D. Soelle)의 말은 새겨볼 만하다.

*　*　*
은총의 예정

하나님을 올바로 이해하기 위해 하나님에 대한 오해를 하나 풀어야 한다. 칼뱅주의 이중예정론이 그것이다. 이는 하나님이 영원 전에 구원받을 자와 심판받을 자를 미리 선택하셨다는 주장이다. 이는 현대에 많은 비판을 받고 있다. 첫째, 모든 것이 미리 결정되어 있다면, 이것은 운명론과 다르지 않고 인간의 자유의지와도 모순된다. 둘째, 심판예정을 받은 사람의 죄가 결국 하나님이 미리 정하신 결과라면, 죄의 창시자는 바로 하나님이다. 셋째, 모든 것이 이미 정해졌고 고정불변 하다면, 인간의 모든 선한 도덕적 노력과 행위는 무의미할 것이다. 넷째, 이것은 상식적으로 불공평하며, 사랑과 정의의 하나님과 조화되지도 않는다. 다섯째, 구원예정을 받은 사람이 따로 있다면, 온 세상에 복음을 전할 필요가 없고, 온 세상을 위한 복음과도 어울리지 않는다.

이와 관련해 바르트는 '은총의 예정'을 말한다. 그에 의하면, 우리는 하나님을 그리스도 밖에서 찾으면 안 된다. 하나님은 오직 그리스도 안에서 오직 예수의 십자가를 통해 인간을 버리셨고 동시에 선택하셨기 때문이다. 이것이 이중예정이다. 그러므로 누구든지 그리스도 안에 있으면 선택을 받는다. 믿음을 선택하면 자녀로 선택된다. 그래서 선택은 믿음의 사건이다. 하나님의 주권과 섭리도 이 믿음의 사건을 둘러싸고 이루어진다. 그렇기에 예정론은 무시무시한 독재자 하나님이 아니라, 바르트의 표현대로 '복음의 총화'인 것이다.

* * *

사랑의 삼위일체

성서의 하나님은 철저히 삼위일체 하나님이다. 삼위일체는 성서적 증언과 일치하고, 교회의 경험과도 일치한다. 고전적 삼위일체론은 '하나의 본성, 구별된 세 위격(인격)'으로 요약된다. 이러한 삼위일체론은 종속론(성부 안에 성자와 성령이 종속되어 있다는 주장)과 양태론(성자와 성령은 성부의 일시적인 변신에 불과하다는 주장)과 삼신론(성부와 성자와 성령이라는 세 신이 각각 따로 존재한다는 주장)에 반대하는 과정에서 형성되었다. 결론은 381년 니케아-콘스탄티노플 신조에 담겨 있다. 그 신조는 성자는 성부로부터 영원히 출생하고 성령은 성부로부터 영원히 출원(나옴)하기 때문에, 성부와 성자와 성령은 본질상 하나라고 선언한다. 아우구스티누스는 이런 관계를 사랑하는 자, 사랑을 받는 자, 양자 사이에서 나와 양자를 묶어 주는 사랑이라고 하면서, 삼위일체를 '사랑의 모임'으로 요약했다.

그럼에도 불구하고 하나이면서 셋, 셋이면서 하나라는 역설이 해결되는 건 아니다. 나지안조스의 그레고리우스는 삼위일체로부터 하나를 생각하는 즉시로 셋의 광채로 둘러싸이며, 셋을 분별하자마자 즉시 하나로 되돌아가는 신비를 발견했다. 이 신비는 다마스쿠스의 요한 이후 '페리코레시스'(상호내주, 상호침투, 상호순환)로 설명되었다. 페리코레시스는 원래 무희들이 손을 잡고 돌며 춤을 추는 모습을 표현하는 단어였다. 삼위일체에서 이 말은 세 위격들이 서로에게 공간을 마련하고 서로를 한없이 환대하는 조화로운 관계를 표현한다. 레오나르도 보프(L. Boff)는 삼위일체를 위격들의 교제로 이해하는 것은 동등한 형제자매로 이루어진 사회의 토대를 놓으며, 여기서는 대화와 합의가 더불어 살아가기 위한 근본적인 구성 요소가 될 것이고 간파했다.

페리코레시스로 요약되는 자기를 내어주고 서로를 받아들이는 하나님의 사랑의 교제는, 인간의 고통과 죽음의 심연까지 이르는 십자가의 사랑으로 분명히 나타났다. 그리고 지금도 "주 예수 그리스도의 은혜와 하나님의 사랑과 성령의 교통하심"(고후13:13)으로 교회의 원천으로서 역사하고 있다.

7 영 | 피상적인 신앙생활 중에 (요한복음 4:23-24)

*암송체크

23 아버지께 참되게 예배하는 자들은 영과 진리로 예배할 때가 오나니 곧 이 때라 아버지께서는 자기에게 이렇게 예배하는 자들을 찾으시느니라 24 하나님은 영이시니 예배하는 자가 영과 진리로 예배할지니라

묵상안내

하나님은 영이시다. 그러니 영으로 만나야 한다. 이런 만남이 없으면 신앙생활이 피상적이게 된다. 영이 살아나야 한다. 영은 존재의 심연이다. 존재를 치장하기 바쁜 세상의 손길이 닿지 않는 영역이다. 있는 그대로의 진실을 만나는 자리다. 진리란 완전한 진실이다. 그래서 진리는 영을 살려 하나님께로 인도한다.

신앙생활이 피상적으로 느껴지는가? 마음 깊이 하나님을 만나는가? 존재의 심연에 완전한 진실을 초대하고 있는가?

한줄기도

영으로 하나님을 만나게 하소서

안내묵상

반복묵상

자유묵상

8 사랑 | 하나님이 무서울 때 (요한일서 4:16)

*암송체크 ☐☐☐☐

16 하나님이 우리를 사랑하시는 사랑을 우리가 알고 믿었노니 하나님은 사랑이시라 사랑 안에 거하는 자는 하나님 안에 거하고 하나님도 그의 안에 거하시느니라

묵상안내

사랑은 하나님이다. 사랑보다 하나님을 더 완벽하게 설명해주는 단어가 없다면 그렇다. 사랑 안에 거한다는 이유로 하나님 안에 거하게 된다면 그렇다. 사랑 안에 거한다는 이유로 하나님이 우리 안에 거하신다면 그렇다. 그리스도 안에서 나타난 하나님이라면 그렇다. 십자가에 달리신 하나님이라면 그렇다. 이 정도면 사랑은 하나님이다.

하나님이 무서운가? 사랑 안에 두려움이 끼어들 자리가 있는가? 사랑은 하나님의 여러 성품 중에 하나인가, 전부인가?

한줄기도

하나님은 사랑이십니다

안내묵상

반복묵상

자유묵상

9 삼위일체 | 신앙대상이 혼란스러울 때 (고린도후서 13:13)

*암송체크 ☐ ☐ ☐ ☐

13 주 예수 그리스도의 은혜와 하나님의 사랑과 성령의 교통하심이 너희 무리와 함께 있을지어다

묵상안내

삼위일체는 예수님 안에서 나타난 하나님의 모습이다. 동등하면서도 서로 구별되는 성부와 성자와 성령은 한 분 하나님이다. 이것은 인간의 이해를 넘어서는 신비이다. 삼위일체 하나님은 자기를 내어주고 서로를 환대하는 사랑의 모임이다. 사랑의 교제를 나누시는 하나님이 세상 속으로 찾아 오신다. 예수 그리스도의 은혜와 하나님 아버지의 사랑과 성령의 교통하심으로 찾아 오신다.

신앙의 대상이 혼란스러운가? 삼위일체 하나님의 서로 간의 사랑을 상상해 봤는가? 그 사랑의 교제에 초대된 것을 아는가?

한줄기도

삼위일체 하나님의 사랑의 교제에 참여하게 하소서

안내묵상

반복묵상

자유묵상

제4장. 창조

신학묵상

***
창조

태너(K. Tanner)는 21세기 신학의 분위기를 '창조신앙'의 르네상스라고 표현했다. 창조신앙이란 무엇인가?

첫째로 창조신앙은 '사랑의 창조주'를 단언하는 것이다(창 1:1-3). 창조는 하나님이 자기를 비워 타자의 세계를 만드신 사랑의 창조이기 때문이다. 에밀 브루너(E. Brunner)는 그리스도의 십자가에서 절정에 도달한 자기비움은 세상의 창조와 함께 시작되었다고 했다.

둘째로 창조신앙은 모든 존재와 전체세계가 철저히 '하나님께 의존한다'는 고백이다. 우리는 용서받은 죄인이기 이전에 생명의 수혜자이다. 이것을 자각할 때 비존재의 충격(나의 본질이 존재가 아니라 비존재임을 자각하며 받는 충격)을 받으며, 절대의존의 감정(신에게 절대적으로 의존하고 있음을 자각하는 상태)과 피조물 감정을 느끼게 된다. 루돌프 오토(R. Otto)는 피조물 감정이란 지금 여기, 언제 어디서나 우리가 하나님의 창조적 권능에 의존하고 있다는 것을 느끼는 감정이라고 했다(시100:3). 그렇기에 우리의 본질은 루터의 표현대로 걸인이다. 이러한 절대의존성은 역설적이게도 다른 모든 노예적 의존으로부터의 해방을 의미한다. 하나님 외에는 어떤 것도 절대 의존하여 우상 숭배하지 않기 때문이다. 이런 점에서 절대의존성은 인간의 존엄과 자유의 기초가 된다.

셋째로 창조신앙은 모든 우연성(불확정적이고 자율적인 성격), 유한성(특정한 성질을 지니고 변화하며 소멸하는 성격), 한계성에도 불구하고 '창조는 선하다'는 고백이다. 만약 모든 피조물이 유한하고 한계가 있으며 취약할 가능성이 있다면, 그리고 만약 도전과 위험과 성장이 하나님이 의도하셨던 피조물의 존재의 일부분이라면, 모든 형태의 고통이 본질적으로 악하다고 가정할 이유는 없다. 바르트는 이것을 선한 창조 안에 그늘진 면이라고 표현했다.

 넷째로 창조신앙은 모든 피조된 존재의 '공존성과 상호의존성'을 고백하는 것이다. 하나님은 최초에 인간을 공동체로 지으셨다. 바르트는 공존이 인간성의 기본형태라고 보았다. 이것은 하나님의 영원한 삶을 반영한다. 삼위일체 하나님의 상호내주하고 상호순환하는 사랑의 모임이 바로 그것이다.

 다섯째로 창조신앙은 피조세계의 '역동성과 목적성'을 고백하는 것이다. 세상은 최초의 창조로 멈춰버린 닫힌 창조가 아니다. 세상의 악은 물론이고 최초의 선한 창조 안에 그늘진 곳까지 영원하신 하나님의 생명의 빛이 깃들게 되는 종말의 완성을 향한 열린 창조다. 창조신앙은 하나님의 자유와 평화와 축제와 안식의 종말을 향해 가고 있는 도상의 창조인 것이다.

* * *

창조의 유비

 피조세계와 창조주 하나님과의 관계를 어떻게 볼 것인가? 크게 세 가지 입장이 있다. 유신론과 범신론과 만유재신론이 그것이다. 먼저 유신론은 하나님을 세상의 유일한 창조자로 보는 입장으로, 하나님의 초월성이 강조된다. 반면 범신론은 세상 자체가 하나님의 존재양식이라고 보는 입장으로, 하나님의 내재성이 강조된다. 마지막으로 만유재신론은 이 두 입장의 중간쯤으로 세상과 하나님을 상호의존적이라고 보는 입장으로, 하나님의 초월성과 내재성을 동시에 강조한다.

하지만 기독교적인 만유재신론은 세상과 하나님의 관계를 서로 동등한 수준에서 상호의존적이라고 보지 않는다. 세상은 철저히 하나님에게 의존되어 있고 하나님은 늘 세상을 향해 다가오시기에 세상은 '이미' 하나님과 함께 하고 있긴 하다. 하지만, 만유(온 세상)는 '아직' 완전히 충만할 정도로 하나님과 함께 하는 상태는 아니다. 만유가 하나님으로 충만해지는 사건은 오직 종말에 이르러 그리스도에 의해 성취될 것이다. 그래서 기독교적 만유재신론은 철저히 '종말론적 만유재신론'이다.

이처럼 창조론의 핵심은 창조주와 피조물의 관계이다. 이러한 관계를 염두하고 조지 헨드리는 창조의 유비를 다섯 가지로 정리했다. 첫째, '출생의 유비'다. 하나님이 세상을 낳았다는 의미다. 하지만 고대 근동의 다른 종교와 비교하면, 성경은 출산보다 돌봄을 의미하고 사용빈도도 매우 적다는 차이를 보인다. 둘째, '조성과 형성의 유비'다. 하나님이 원래 있던 세상을 조성하고 형성했다는 의미다. 이는 하나님의 의도와 목적은 강조하지만, 조성에 필요한 재료가 선재(앞서 존재)해야 한다는 문제가 있다. 셋째, '유출의 유비'다. 하나님으로부터 흘러나온 것이 세상이 되었다는 의미다. 이는 창조행위를 흘러나옴이라는 비인격적이고 비의지적인 과정으로 보는 문제가 있다. 넷째, '몸과 마음의 관계 유비'다. 하나님은 세상의 마음이고 세상은 하나님의 몸이라는 의미다. 이는 하나님과 세상의 친밀성과 상호성을 가장 잘 표현하지만, 하나님과 피조물 사이에 은혜의 관계나 비필연적이고 비대칭적 관계를 잘 표현하지 못한다. 다섯째, '예술적 표현과 놀이의 유비'다. 하나님이 예술적이고 놀이적인 행위로서 세상을 창조하셨다는 의미다. 이는 하나님의 창조의 자율성을 확보하고 피조세계와의 구별을 보장한다. 하지만 하나님과 피조물 사이의 밀접한 관계가 충분히 드러나지 않을 수 있다. 이처럼 이상의 모든 유비는 나름대로 의미전달의 가치가 있지만 약점과 한계도 있다.

* * *

생태신학

린 화이트(L. White)는 기독교가 오늘날의 생태계 위기에 엄청난

무게의 죄책이 있다고 한다. 가부장적이고 군주적인 지배이미지의 신관과 그런 하나님의 형상을 지닌 지배적 인간관이 환경파괴의 주범이라는 것이다. 그리고 우상숭배를 타파하면서 자연에 대한 숭앙심이 무너졌고, 자연을 인간의 착취의 대상으로 보게 되었다는 것이다. 하지만 이에 대한 반론도 있다. 환경파괴는 산업혁명 이후의 문제이고 기독교가 없는 곳에도 환경파괴는 존재한다는 것이다. 환경파괴는 과학과 기술이 기독교가 아니라 인간의 욕망과 결탁했기 때문에 발생했다는 것이다. 두 주장 다 일리가 있다. 아무튼 인간중심이 아닌 인간을 포함한 '자연중심의 신학'이 요청되는 시대임은 분명하다.

 그렇다면 생태학적으로 성경을 해석한다는 건 뭘까? 생태학적 성서해석은 생명과 자연의 의미, 하나님과 모든 피조물의 관계성의 의미를 오늘의 지평으로 가져와서 우리의 인식과 실천의 변화를 모색하는 것이다. 그리고 자연을 인간에게 종속시키거나 창조를 구원에 종속시키지 않는 것이다. 즉, 인간과 대등한 자연, 구원과 대등한 창조의 관점에서 성경을 해석하는 것이다.

 이것은 하나님이 개별 창조 때마다 "좋다"고 하셨지만, 전체 창조가 완성되었을 때는 "매우 좋다"고 하셨다는 사실과 통한다. 우리는 창세기 1-2장을 통해 우주적인 창조의 하나님과, 자연의 중요성과, 그 자연에 속하면서도 구별되는 인간의 본질과, 땅과 조화롭고 책임 있는 관리자로 살아야 할 인간의 운명을 읽을 수 있다. 신음하는 자연은 인간과 더불어 하나님의 돌봄을 받고 있다(마6:26,33-34). 그리고 하나님의 영광을 나타내고 찬양하면서 종말의 부활의 영광스러운 새창조를 기다리고 있다.

* * *

생태영성

센트마이어(P. Santmire)는 하나님의 '생태영성적 삶'으로의 부르심을 소개한다. 첫째, 하나님은 자연과 바른 협력을 하도록 교회를 부르신다. 자연은 지배의 대상이 아니다. 둘째, 하나님은 민감하게 자연을 돌보도록 교회를 부르신다. 심각한 환경의 파괴는 이를 강력하게 요청한다. 셋째, 하나님은 자연을 통해 우리가 받은 복에 경탄하도록 교회를 부르신다(전3:12-13). 자연에 대한 감수성과 경이감이 그것이며 이는 감사와 기쁨으로 이어진다. 넷째, 하나님은 자연과 함께 하나님 나라를 기쁘게 기대하도록 교회를 부르신다. 우리는 예수님과 바울처럼 자연의 유비 속에서 하나님 나라를 묵상하며 부활의 소망을 키워 갈 수 있다.

10 창조 | 인생이 우연 같을 때 (창세기 1:1-3)

*암송체크 ☐☐☐☐

1 태초에 하나님이 천지를 창조하시니라 2 땅이 혼돈하고 공허하며 흑암이 깊음 위에 있고 하나님의 영은 수면 위에 운행하시니라 3 하나님이 이르시되 빛이 있으라 하시니 빛이 있었고

묵상안내

창조는 충격적일 만큼 놀랍고 신비하다. 하나님이 우주만물을 창조하시는 과정을 순서대로 상상해보라. 그 모든 것이 창조의 능력 가운데 지탱되고 있다는 사실을 생각해보라. 그 속에 내가 포함되어 있다는 것도 기억하라. 이는 우연하게 생겨난 세상에 무의미하게 내던져진 자신을 발견하고 소스라치게 놀라는 어느 무신론자가 받는 충격보다 더 강력하다.

인생이 우연이라고 생각되는가? 하나님의 창조를 상상해보았는가? 세상과 나를 지탱하는 창조의 능력을 생각해 봤는가?

한줄기도

하나님의 솜씨를 찬양합니다

안내묵상

_____

반복묵상

_____

자유묵상

_____

11 향유 | 자신에게 가혹해질 때 (전도서 3:12-13)

*암송체크

12 사람들이 사는 동안에 기뻐하며 선을 행하는 것보다 더 나은 것이 없는 줄을 내가 알았고 13 사람마다 먹고 마시는 것과 수고함으로 낙을 누리는 그것이 하나님의 선물인 줄도 또한 알았도다

묵상안내

향유는 인생을 하나님의 선물로 누리는 거다. 십자가의 복음과 복음을 위한 고난만이 신앙의 전부가 아니다. 향유는 창조적 복음이며 원초적 복음이다. 향유는 소소한 일상 속에 숨어있는 하나님의 선물을 발견하고 누리는 거다. 적극적으로 즐기고 진심으로 감사하는 거다. 먹고 마시는 것, 수고의 기쁨을 누리는 것, 기쁘게 선을 행하는 것도 그런 것이다.

자신에게 가혹해지는가? 인생을 하나님의 선물로 누리는가? 일상에서 감사함으로 즐기는 나의 원초적 기쁨은 무엇인가?

한줄기도

하나님의 선물을 누리게 하소서

안내묵상

반복묵상

자유묵상

12 돌보심 | 냉혹한 사회에서 (마태복음 6:26,33-34)

*암송체크 ☐☐☐☐

26 공중의 새를 보라 심지도 않고 거두지도 않고 창고에 모아들이지도 아니하되 너희 하늘 아버지께서 기르시나니 너희는 이것들보다 귀하지 아니하냐 33 그런즉 너희는 먼저 그의 나라와 그의 의를 구하라 그리하면 이 모든 것을 너희에게 더하시리라 34 그러므로 내일 일을 위하여 염려하지 말라 내일 일은 내일이 염려할 것이요 한 날의 괴로움은 그 날로 족하니라

묵상안내

　돌보심은 하나님의 애프터 서비스다. 좋은 회사는 제품을 책임지고 좋은 부모는 자녀를 책임진다. 좋으신 하나님도 그러하다. 하나님은 세상을 돌보신다. 하늘에 나는 새를 보라. 하물며 사람을 돌보지 않으시겠는가. 하나님은 자비하셔서 선인뿐 아니라 악인까지도 돌보신다. 하지만 의로우셔서 하나님의 나라와 의로움을 추구하는 사람들의 모든 형편을 특별히 돌보신다.

　냉혹한 사회에서 내일이 걱정되는가? 세상을 돌보시는 하나님의 손길을 보았는가? 하나님의 특별한 돌보심을 믿는가?

한줄기도

오늘 우리에게 일용할 양식을 주소서

안내묵상

반복묵상

자유묵상

제5장. 섭리와 악

신학묵상

***

신정론

악의 실재 앞에서 터져 나오는 질문이 있다. 하나님은 정말 의로우신가? 하나님이 선하고 전능하다면, 왜 악이 존재하는가? 하나님이 선하신데 악이 존재한다면 하나님은 전능하신 분이 아니며, 하나님이 전능하신데 악이 존재한다면 하나님은 선하신 분이 아닐 것이다. 이런 문제제기에 대한 성경의 답변이 '하나님의 섭리'다. 그래서 악의 문제는 '섭리신앙'과 함께 다뤄진다.

***
자연악

악에는 크게 두 가지가 있다. '자연악'과 '인간악'이다. 자연악은 질병이나 사고나 자연재해로 인한 상처와 고통을 말한다. 이 외에도 양육강식이 존재하는 자연 안에는 충격적인 잔혹성과 끔찍한 허망함이 존재한다. 도가사상의 천지불인(하늘과 땅은 인자하지 않다)은 이런 현실과 통한다. 이와 같은 자연악의 실재는 하나님의 돌보심과 선하심을 의심하거나 절망하게 만들기 쉽다.

하지만 우리는 다음과 같이 질문할 수도 있다. 자연의 상처받을 가능성과 유한성과 필멸성(반드시 없어지는 것)을 악이라고 할 수 있을까? 오히려 영원하신 하나님과의 질적 차이로 인한 당연한 귀결이라고 볼 수 있지 않는가. 그래서 우리는 바르트처럼 그것은 창조의 그늘진 면일 뿐이라고 말할 수 있다. 하지만 문제는 그 그늘이 너무 무시무시할 때가 있다는 것이다. 전통신학에서는 이 자연악을 자연을 대표하는 인간의 죄 때문에 자연으로 파고든 파괴성이라고 본다. 분명한 것은 자연만을 통해 만나는 하나님은 우리를 혼란스럽게 한다는 것이다. 생명을 살릴 뿐 아니라 죽이기도 하시는 하나님을 만나기 때문이다.

***
인간악

　인간악은 역사 속에 나타난 총체적인 인간악을 말한다. 전체는 부분의 합보다 큰 것처럼 개별 인간들의 악이 역사와 사회 속에서 상호작용할 때, 그것은 더욱 복합적이고 은밀하고 강력해진다. 20세기의 아우슈비츠 유대인대학살은 대표적인 인간악의 상징이 되었다. 실제적이고 강력한 악의 실재를 만난 사람들은 예수님처럼 하나님께 항의하기에 이른다. "어찌하여 나를 버리셨습니까?" 전통신학은 인간이 태초에 타락해서 악이 들어왔다고 본다. 하지만 과거의 태초가 되었든 현재의 지금이 되었든, 같은 질문이 하나님께 주어진다. 하나님은 왜 타락할 수 있는 인간을 지으셨는가?

　현대신학은 '인간의 자유'를 강조한다. 하나님은 인간이 죄를 범한 결과로 세상에 악이 들어올 위험이 있음에도, 인간에게 자유를 주기로 결정하셨다. 이는 인간에게 자유를 주시는 만큼, 정작 하나님의 자유는 제한된다는 걸 의미한다. 하지만 이런 하나님의 자기제한은 '사랑하기 위한 자기제한'이기 때문에, 하나님은 진정한 의미에서 자유로우시다고 볼 수 있다.

여기서 가장 큰 문제는 인간에게 자유와 함께 '악의 가능성'이 발생했다는 점이다. 우리는 죄가 없으신 예수님조차 악한 영으로부터 시험을 받으셨다는 사실에 주목할 필요가 있다. 이것은 악의 유혹은 사람이라면 누구나 받을 수 있다는 것을 의미한다(엡6:12-13). 결국 하나님은 사랑이시기에, 악의 가능성에도 불구하고 인간이 자유롭고 책임 있게 하나님의 선하신 뜻에 응답하기를 원하신 것이다.

이렇게 보면 역사 속에 실재하는 악에 대해 하나님은 책임이 없어진다. 그리고 그 책임은 전적으로 인간에게 돌려진다. 인간은 선한 삶으로 응답해야 할 책임이 있는 것이다. 그렇지 못할 때 악이 발생한다. 하지만 여기서 중요한 것은 하나님이 유약한 인간이 홀로 이 짐을 짊어지게 하지 않으신다는 사실이다. 하나님은 인류의 역사 속으로 찾아오신다. 일반은총 속에 사람의 양심을 늘 일깨우시고, 특별은총 속에 구약의 율법을 선사하셨다. 무엇보다 하나님의 찾아오심의 정점에는 예수님의 '성육신'이 있다.

왜 하나님은 굳이 철저히 인간의 모습으로 성육신하셨는가? 인간의 편에서 인간을 위하여 인간으로서 인간을 대표하여 인간의 본이 되기 위해서다. 하나님은 악에 대해 전적인 책임이 있는 사람의 모습으로 나타나셔서, 십자가에서 모든 사람의 모든 죄책을 짊어지셨다. 뿐만 아니라 사람이 마땅히 걸어가야 할 새로운 인류의 삶으로 먼저 걸어가셨다. 그리고 이제는 그 길로 인류를 초대하신다. 이렇게 전적으로 인간의 책임임에도 불구하고, 마치 자신의 일처럼 책임지기 위해 인류의 역사 속으로 침투해 들어오시는 '하나님의 섭리'는 하나님의 놀라운 은혜가 아닐 수 없다.

* * *
섭리

끔찍한 악의 사건은 사람들의 신앙의 토대까지 뒤흔드는 힘이 있다. 하나님의 부재와 무관심과 적대감을 느끼게 만들기 때문이다. 그러나 악의 활동 중에도 하나님의 섭리가 있다. 섭리란 영어로 providence이다. 이것은 provide(제공하다)라는 단어에서 파생되었다. 섭리신앙은 악의 실재가 역사하는 자연과 역사 속에 하나님이 당신의 선하신 뜻을 이루기 위해 필요한 것을 제공하신다는 고백이다(롬8:28).

조심할 것은 섭리신앙 안에서 악의 실재를 축소하거나 왜곡해서는 안 된다는 것이다. 예를 들어, 첫째로 악을 단지 하나님의 불가해성으로 보고 모든 질문을 억누르는 태도는 문제가 있다. 이것은 신앙의 이름으로 악의 피해자에게 침묵을 강요하고 악의 가해자에게는 면죄부를 쥐어줄 수 있기 때문이다. 우리는 사회의 정의와 치유를 위해 특정한 악의 실체와 원인을 밝혀내고 그 악을 제거하기 위해 최선을 다해야 마땅하다. 둘째로, 모든 불행을 권선징악의 도식으로 판단하는 태도도 문제가 있다. 하나님이 세상 가운데 섭리하시며 악을 심판하시는 일들이 있다고 해서, 모든 불행이 하나님의 심판일 수는 없다. 이것은 세상에 만연한 인간의 죄책과 그 결과를 외면하는 일이다. 그리고 우리는 무엇이 하나님의 심판인지 아닌지를 알 수 없다. 또한 하나님이 섭리 가운데 모든 일을 즉결 심판하고 계신다면, 최후 심판은 불필요하거나 별 것 아닌 일이 될 것이다. 셋째로, 악을 하나님의 훈련으로 둔갑시키는 태도도 문제가 있다. 바울은 모든 고통이 선하다고 한 적이 없다. 물론 하나님은 악과 고통의 상황에서 그것을 활용하여 우리를 훈련시키실 수 있다. 하지만 그렇다고 해서 하나님이 그 악과 고통의 근본 원인일 수는 없다. 하나님은 근본적으로 악을 미워하시는 선한 분이기 때문이다.

하지만 폴 헬름(P. Helm)의 말처럼 섭리는 분명 그리스도인으로 하여금 자신의 고통을 다른 배경에서 보게 해준다. 하나님이 제공하시는 섭리의 본질은 그리스도 안에서 계시되었다. 우리는 그리스도 안에서 능력과 기적뿐만 아니라, 더 중요한 믿음과 소망과 사랑을 제공하시는 하나님을 만난다. 하나님은 세상의 악과 투쟁하며 고통당하며 죽음마저 경험하는 연대적인 사랑을 제공하신다. 그리고 모든 악의 파괴와 절망과 허무를 부수는 부활의 하나님 나라의 소망을 제공하신다. 또한 이 모든 것을 하나님의 사랑과 능력을 신뢰하는 믿음으로 제공하시며, 바로 그 믿음까지도 하나님이 친히 제공하신다.

디트리히 본회퍼(D. Bonhoeffer)는 성경은 우리로 하여금 하나님의 무능함과 고통 당함에 주목하게 만든다고 하면서 이렇게 고백한다. '오로지 고통당하시는 하나님만이 우리를 도울 수 있다!' 몰트만은 세상의 모든 고통은 성자의 고통과 성부의 슬픔과 성령의 위로 속에 포함된다고 했다. 우리에게 매 순간 제공되는 하나님의 섭리의 본질과 성격은 이렇게 그리스도 안에서 삼위일체적으로만 분명히 이해되어 진다. 그리스도 안에서 삼위일체 하나님께 정향(방향을 정함)된 섭리신앙은, 악에게 고통을 받는 중에도 우리를 겸손과 감사와 자유로 이끌며(욥23:10), 악에 맞서 기도하고 희생자와 연대하는 가운데 하나님의 섭리에 동역하도록 이끄는 신비한 힘이 있다.

13 섭리 | 내 마음대로 안 될 때 (로마서 8:28)

*암송체크 ☐ ☐ ☐ ☐

28 우리가 알거니와 하나님을 사랑하는 자 곧 그의 뜻대로 부르심을 입은 자들에게는 모든 것이 합력하여 선을 이루느니라

묵상안내

섭리는 하나님의 손길이다. 하나님의 죽음을 선언하는 세상을 당혹시키는 능력의 손길이다. 절망으로 기우는 세상을 구원하시는 소망의 손길이다. 악이 판치는 세상 속에서도 선을 이루어 내시는 사랑의 손길이다. 성도는 보이는 것만 믿지 않는다. 보이지 않는 것도 믿는다. 역사와 인생 속에 들어와 계신 살아계신 하나님의 위대하고 선한 손길을 믿는다.

내 마음대로 되지 않는 일이 있는가? 하나님의 손길을 믿는가? 하나님의 손길에 그 일을 맡길 수 있겠는가?

한줄기도

내 마음대로 안 되는(   )도 합력하여 선을 이루게 하소서

안내묵상

반복묵상

자유묵상

14 영적싸움 | 신앙이 느슨해질 때 (에베소서 6:12-13)

*암송체크

12 우리의 씨름은 혈과 육을 상대하는 것이 아니요 통치자들과 권세들과 이 어둠의 세상 주관자들과 하늘에 있는 악의 영들을 상대함이라 13 그러므로 하나님의 전신 갑주를 취하라 이는 악한 날에 너희가 능히 대적하고 모든 일을 행한 후에 서기 위함이라

묵상안내

영적싸움은 있다. 악한 영들은 정체를 숨긴다. 은밀하고 교묘하게 활동한다. 그래서 영적싸움을 불필요한 것으로 만든다. 그렇게 우리의 무장을 해제시키려고 한다. 악한 영들은 권세를 잡는다. 권세는 사람을 통제하는 힘이 있기 때문이다. 권세 앞에 사람들은 약해진다. 불의에 타협한다. 그렇게 패배한다. 지금은 악한 날이다. 아직은 전쟁 중이다.

신앙이 느슨해지는가? 영적싸움을 의식하는가? 악한 영들이 당신을 어떻게 유혹하는가?

한줄기도

악에서 구하소서 (주기도문)

안내묵상

반복묵상

자유묵상

15 고난 | 고난 당할 때 (욥기 23:10)

*암송체크 ☐☐☐☐

10 그러나 내가 가는 길을 그가 아시나니 그가 나를 단련하신 후에는 내가 순금 같이 되어 나오리라

묵상안내

고난은 하나님의 단련도구다. 단련목적은 순금으로 만드는 거다. 순금은 불순물이 없다. 불의나 거짓이 없다. 한 마디로 거룩하다. 하나님은 거룩한 자를 쓰신다. 그래서 고난도 축복이 될 수 있다. 그렇다고 모든 고난을 긍정하거나 하나님이 고난을 주셨다고 단정할 수 없다. 고난의 이유는 다양하고 복잡하다. 분명한 건 하나님이 내 길을 아시고 고난마저 사용하신다는 사실이다.

고난을 당하고 있는가? 피해야 할 고난인가, 받아야 할 고난인가? 고난을 하나님의 단련도구로 인정하는가?

한줄기도

우리를 시험에 빠지지 않게 하소서 (주기도문)

안내묵상

반복묵상

자유묵상

제6장. 인간

신학묵상

* * *

인간

인간이란 무엇인가? 셰익스피어(W. Shakespeare)는 인간을 참으로 놀라운 예술 작품이라고 했다. 그렇다. 인간은 여타의 동물과 구별되는 이성, 자유, 언어, 이타성 등이 있다. 하지만 동시에 인간은 역설적인 존재다. 성경은 인간이 하나님의 형상으로 지어진 특별한 소명을 지닌 '존귀한 존재'이자, 악을 행하여 악의 파괴를 자초한 '비참한 존재'라고 말한다. 그렇지만 이 역설은 악

쪽으로 더 기울어진 비대칭적인 역설이다. 그런데 이 비대칭이 예수님 안에서 역전된다. 예수님 안에서 악은 예수님의 발아래, 성령의 자유롭게 하는 은혜의 법아래 놓이게 되기 때문이다. 즉, 그리스도 안에서 인간은 육체의 탐욕이 아니라, 성령의 열망을 따라 살아가는 '새 사람'인 것이다.

* * *

인간창조

'하나님 형상'에 대한 여러 주장이 있다. 첫째, 인간의 신체를 의미한다는 주장이다. 이는 신인동형론적인(하나님에 대한 성경의 인간적인 묘사들) 표현을 근거로 한다. 둘째, 인간의 이성을 의미한다는 주장이다. 이는 인간의 감정적·육체적 차원을 약화시킬 수 있다. 셋째, 인간의 지배를 의미한다는 주장이다. 하지만 창세기 2장의 지배권은 존중과 보호와 돌봄을 포함한다. 수직적이고 위계적인 지배가 아니다. 넷째, 인간의 자유를 의미한다는 주장이다. 인간은 자유롭고 자기결정적(스스로 결정함)이며 자기초월적(기존의 자신을 넘어섬)이며 세계개방적인(세계를 향해 자신을 개방해 자신의 지평을 계속 확장함) 존재라는 것이다. 이는 인간의 자유롭고 창조적인 활동 속에서 하나님의 자유를 반영한다는 장점이 있다. 하지만 문제는 자유의 개념이 자주 분리된 주체나, 타자로부터의 단순한 독립이나, 전적인 자기만족과 동일시될 때 생긴다. 다섯째, 인간의 '관계적인 삶'을 의미한다는 주장이다. 태초부터 시작된 남녀의 '공존'은 인간관계의 본질을 보여준다(창1:27-28). 즉, 관계적 삶이란 서로를 존중하고 사랑하는 가운데 공존하는 삶을 가리킨다. 이런 맥락에서 하나님 형상이란 자기를 초월하여 타자들과 공존하는 '사랑의 관계성'인 것이다.

관계적인 삶으로서의 하나님 형상은 인간의 이성과 지배와 자유를 모두 포괄한다. 관계는 앎을 전제하고, 존중과 보호와 돌봄을 포함하며, 자유를 필요로 하기 때문이다. 관계성은 인간 삶의 일부가 아니라 인간 삶의 본질이다. 인간 삶의 터전인 생태계 자체가 철저한 상호관계성 속에 있기에 더욱 그렇다. 그래서 우리는 마틴 부버(M. Buber)의 말처럼 대화 속에서 살아가고, 레티 러셀(L. Russell)의 말처럼 협력 속에서 살아간다. 삼위일체적 유비를 사용하면, 관계적 삶이란 '페리코레시스(상호내주, 상호침투, 상호순환)적인 삶'이다. 서로를 환대하고 함께 공존하는 가운데 상호순환하는 사랑이 이루어지는 삶이다.

***
형상왜곡

라인홀드 니버(R. Niebuhr)는 기독교 인간론의 역설을 말한 바 있다. 기독교 인간론은 인간의 드높은 위상과 함께 어떤 인간학보다도 진지하게 인간의 악을 고찰한다는 것이다. 인간의 하나님 형상성이 관계적 삶이라면, 인간의 죄의 본질은 '관계적 삶의 파괴'라고 할 수 있다(롬5:8). 관계적 삶의 파괴는 세 방향으로 이루어진다. 첫째, 하나님과의 관계에서 은혜를 거부하는 믿음의 실패이다. 둘째, 타자와의 관계에서 공존과 대화와 협력을 거부하는 사랑의 실패이다. 셋째, 자신과의 관계에서 자신의 오늘을 하나님의 미래로 이끄는 약속을 거부하는 소망의 실패이다.

죄는 역설적인 특징이 있다. 첫째 역설로, 죄는 보편적인 상황이면서 동시에 스스로 선택한 행동이다. 그래서 니버는 죄는 불가피하지만, 반드시 필연적인 것은 아니라고 했다. 둘째 역설은, 죄는 인간의 모든 행동, 심지어 선으로 칭송되는 행동 속에도 교묘하게 스며든다. 그래서 엘리 위젤(E. Wiesel)은 그의 소설에서 심오한 측면에서 보면 인간은 집행자이면서 희생자이면서 방관자라고 진단했다. 셋째 역설은, 죄는 개인의 타락이면서 동시에 공적이고 집단적인 삶의 구조 속에서 강력하게 활동한다. 사회구조화된 악이 보통 사람을 악하게 만들 수 있다는 사실은, 교회의 정치사회적 책임에 시사하는 바가 매우 크다.

죄의 기원 못지않게 죄와 죽음의 관계는 난해하다. '죄로 인해 죽음이 들어왔다'는 성경의 주장은 현대의 도전을 받는다. 그 이유는 많은 성경 구절들이 인간의 죽음 자체를 본질적인 차원에서 악으로 간주하지 않는 것처럼 보이기 때문이다. 그리고 죽음이 모든 생명의 일반적인 특징으로 보이기 때문이다. 무엇보다 인간이 유한하다는 건 인간이 '시간의 한계를 지녔다, 죽는다'는 것을 의미하기 때문이다. 하지만 우리는 죽음을 그렇게 편안하게 경험하지 않는다. 죽음은 깊은 상실감과 함께 원수처럼 폭력적이고 부정적으로 다가온다. 즉, 죽음은 자연적인 끝이 아니라, 하나님의 심판의 표지(표시나 특징)처럼 경험된다.

죽음이 죄의 삯(결과)이라면, 죽음은 죄의 연장선상에서 생각되어야 한다. 죄가 하나님 형상인 관계적 삶의 파괴라면, 죄의 결과인 죽음은 그러한 '관계의 단절과 끝'을 의미할 것이다. 여기서 '죄로 인해 죽음이 들어왔다'는 정통교리의 의미가 명료해진다. 유한한 피조물이 자연적인 한계로서 자연적인 죽음을 지녔다는 측면도 있지만, 피조물이 범죄함으로 생명의 근원이신 하나님과 관계가 단절되어 심판으로서의 죽음에 이르게 되었다는 측면도 있기 때문이다.

예수님은 아브라함과 이삭과 야곱의 하나님은 죽은 자의 하나님이 아니라 '산 자의 하나님'이라고 하셨다. 하나님에게는 육체적으로 죽은 자를 포함해 모든 사람들이 산 자와 같기 때문이다. 하지만 그렇다고 해서 모든 죽은 자가 같은 성격으로 하나님 앞에 살아있다는 의미는 아니다. 구원의 대상으로 살아있는 자도 있고, 심판의 대상으로 살아있는 자도 있다. 하나님에게 진정으로 살아있는 자는 하나님과 관계를 맺고 있는 사람이다. 반대로 하나님에게 진정으로 죽어 있는 자는, 하나님과의 관계가 단절된 사람이다. 그래서 예수님은 요한복음에서 당신을 믿는 자들, 그러니까 당신과 관계를 맺고 있는 사람은 '죽어도 살 것이고 아예 영원히 죽지 않으리라'는 말씀을 하신 것이다.

죄와 죽음의 관계에서 중요한 것은 바로 이것이다. 죄를 지어 육체의 죽음이 왔다는 것이 중요한 것이 아니라, 죄를 지어 하나님과의 관계에 단절이 왔고 그 결과로 영혼과 육체를 포함해 전인이 심판으로서의 죽음에 이르게 되었다는 것이다. 그리스도께서는 바로 이 깨어진 관계를 회복시키셨고 그 당연한 결과로 우리에게 생명과 구원이 주어진 것이다.

*＊＊

형상회복

하나님 형상이 관계적 삶이라면, 하나님 형상의 회복은 '관계적 삶의 회복'이다. 하나님께서는 이 관계적 삶의 회복을 세 방향으로 이루어 가신다. 첫째, 하나님과의 관계에서 은혜를 수용하는 믿음의 회복이다. 둘째, 타자와의 관계에서 공존과 대화와 협력으로 나아가는 사랑의 회복이다. 셋째, 자신과의 관계에서 자신의 오늘을 하나님의 미래로 이끄는 약속을 붙잡는 소망의 회복이다.

이러한 믿음, 소망, 사랑을 회복하는 원천이자 그 결정체는 예수 그리스도이시다. 그는 하나님 형상의 원형이기 때문이다(고후4:4). 판넨베르크는 다음과 같이 주석한다. "창세기 1장 26절에서 우리는 하나님의 형상이라는 것만이 아니라, 하나님의 형상을 따라 존재한다는 사실을 들어야 한다. 여기에는 모형과 원형 사이의 구별이 함의되어 있다. 우리는 모형이다." 인간은 원형을 닮아가도록 창조된 모형이다. 그러므로 형상회복은 단순히 모형의 원상복구가 아니라, 하나님 형상의 원형을 닮아가는 것이다(엡4:22-24).

16 인간창조 | 사람이 하찮게 느껴질 때 (창세기 1:27-28)

*암송체크 ☐☐☐☐

27 하나님이 자기 형상 곧 하나님의 형상대로 사람을 창조하시되 남자와 여자를 창조하시고 28 하나님이 그들에게 복을 주시며 하나님이 그들에게 이르시되 생육하고 번성하여 땅에 충만하라, 땅을 정복하라, 바다의 물고기와 하늘의 새와 땅에 움직이는 모든 생물을 다스리라 하시니라

묵상안내

인간창조는 하나님이 인간을 낳으신 것이다. 사람은 하나님의 형상으로 창조되었기 때문이다. 그래서 하나님은 하늘에 계신 우리 아버지가 되신다. 하나님은 사람을 남자와 여자로 창조하셨다. 서로 다른 존재가 하나가 되게 하셨다. 공존하는 사랑의 관계로 만드셨다. 뿐만 아니라 하나님을 대신해 세상을 사랑으로 돌보고 관리하게 하셨다. 그렇게 하나님을 닮아가도록 창조하셨다.

사람이 하찮게 느껴지는가? 사람이 하나님의 형상이라는 사실이 어떻게 느껴지는가? 하나님의 형상이란 무엇인가?

한줄기도

하늘에 계신 우리 아버지! (주기도문)

안내묵상

_____
_____
_____
_____

반복묵상

_____
_____
_____
_____

자유묵상

_____
_____
_____
_____

17 형상왜곡 | 사람이 대단하게 느껴질 때 (로마서 5:8)

*암송체크

8 우리가 아직 죄인 되었을 때에 그리스도께서 우리를 위하여 죽으심으로 하나님께서 우리에 대한 자기의 사랑을 확증하셨느니라

묵상안내

　형상왜곡은 인간이 하나님의 형상을 왜곡한 것이다. 하나님의 형상은 사랑으로 사람들과 공존하지 않고 피조세계를 돌보지 않을 때 왜곡된다. 그래서 형상왜곡의 다른 이름이 바로 죄다. 모든 인간은 크고 작은 죄를 짓는다. 사랑을 반대하는 본성이 있다. 그래서 죄인이다. 그렇지 않다면 그리스도께서 모두를 위해 죽지 않으셨을 것이다. 죄는 그렇게 광범위하고 뿌리깊다.

　사람이 대단하게 느껴지는가? 형상이 왜곡되지 않은 사람이 있는가? 사랑을 반대하는 본성을 느끼는가?

한줄기도

우리가 우리에게 잘못한 사람을 용서하여 준 것 같이,
　　　우리 죄를 용서하여 주소서 (주기도문)

안내묵상

반복묵상

자유묵상

18 형상회복 | 정체성이 흔들릴 때 (에베소서 4:22-24)

*암송체크

22 너희는 유혹의 욕심을 따라 썩어져 가는 구습을 따르는 옛 사람을 벗어 버리고 23 오직 너희의 심령이 새롭게 되어 24 하나님을 따라 의와 진리의 거룩함으로 지으심을 받은 새 사람을 입으라

묵상안내

형상회복은 하나님 형상의 원형을 본받는 것이다. 하나님 형상의 원형은 예수님이시다. 원형이신 예수님은 육체를 지닌 인간의 모습으로 오셨다. 그래서 인간이 닮아갈 수 있는 완벽한 모범이 되신다. 예수님은 유혹의 욕심과 부패하는 습관을 따르지 않으신다. 심령으로부터 하나님의 의로움과 진실함을 따르신다. 한 마디로 거룩하시다. 그래서 사랑이시다.

하나님의 자녀라는 정체성이 흔들리는가? 유혹 받는 욕심과 습관은 뭔가? 하나님 형상의 원형이신 예수님을 따르는가?

한줄기도

예수님을 닮아가게 하소서

안내묵상

반복묵상

자유묵상

제7장. 그리스도

신학묵상

***

그리스도

그리스도는 누구신가? 이 물음의 답은 간단치 않다. 예수는 케리그마적(교리적이고 신앙고백적인) 그리스도이기 전에 역사 속의 예수이며, 과거의 특정상황에서 이루어진 예수에 대한 신앙고백은 오늘의 특정상황에서 이해될 수밖에 없기 때문이다. 물론 그리스도에 대한 지식은 단순히 학문적이거나 역사적인 지식이 아니라 '신앙의 지식'이다. 그렇더라도 우리는 본회퍼처럼 그리스도가 오늘 우리에게 누구이신지와 어떤 의미인지를 묻게 되고 그 답을 찾지 않을 수 없다.

* * *
예수의 인격

예수 그리스도의 인격에 대한 고전적 진술은 그리스도는 참 인간이면서 동시에 참 하나님이라는 것과, 이 두 본성이 그리스도의 인격 안에서 하나라는 것이다. 사도신경의 "성령으로 잉태되어 동정녀 마리아에게서 나시고"라는 구절은, 예수님의 인성(인간 됨)과 신성(하나님 됨)을 동시에 고백하고 있다. 예수님의 기원(origin)은 전적으로 하나님이자 전적으로 사람이라는 뜻이다.

고대교회는 이 역설의 신비를 설명하고 싶었다. 381년 니케아-콘스탄티노플 신조에서 고대교회는 성부와 동일한 본질을 지니신 성자의 신성을 선언했다. 이어 541년 칼케돈 신조에서는 성자의 두 본성(신성과 인성)을 선언했다.

그런데 성자 예수님의 위격 안에서 신성과 인성이 어떻게 연합될 수 있을까? 자칫 잘못하면 두 본성이 서로에게 삼켜져 단성론(예수의 신성이나 인성 중 하나만 인정)이 될 수도 있고, 네스토리우스주의

처럼 양성분리(예수 안에서 신성과 인성이 분리되어 있다는 주장)가 될 수 있다. 그래서 칼케돈 신조는 두 본성에 대해 "혼동이나 변화나 분할이나 분리가 없이" 하나의 위격(인격) 안에 연합된다고 표현했다. 이 두 본성의 연합을 비대칭적인 연합으로 보았다. 신성이 인성보다 우위에 있어야 하기 때문이다. 그래서 인성은 비위격성(세 신적 위격 중 하나는 아니라는 의미)과 내재 위격성(예수의 신성 안에서만 예수의 인성을 인정한다는 의미)이라고 표현했다.

두 본성은 그리스도라는 위격 안에서 통일성을 이룬다. 그 통일성은 '속성의 교류'(예수 안에서 신성과 인성이 교류)에 의해 가능하다. 예를 들어, 우리는 하나님의 아들이 고통을 당한다고 말할 수 있다. 고통은 인성에 속한 속성이지만 속성의 교류로 인해 이 고통이 성육신하신 하나님의 아들에게도 적용될 수 있기 때문이다. 마찬가지 논리로, 예수님은 주님이라고 말할 수도 있게 된다. 주 되심은 신성에 속한 속성이지만 속성의 교류로 인해 성육신하신 인간 예수님에게도 동일하게 적용될 수 있기 때문이다.

칼뱅은 그리스도의 성육신을 하나님과 인간 사이에 이루어지는 구원의 '경이로운 교류'로 보았다. 인간의 구원을 위해 하나님은 인간이 되셨고 인간은 하나님의 자녀가 되었기 때문이다. 이러한 구원의 교류가 가능한 것은 앞에서 설명한 것처럼, 성육신하신 그리스도의 위격 안에서 이루어지는 두 본성의 신비한 속성의 교류 때문이다.

인식되는 순서대로 정리하자면, 우리는 그리스도의 '성육신 사건'으로부터 우선 구원의 경이로운 신인의 교류를 발견하게 되고, 이어서 성자의 신비로운 속성의 교류를 떠올리게 되며, 결국에는 삼위일체 하나님의 페리코레시스적인 영광스러운 위격의 교류를 고백하게 된다(요1:14).

* * *

예수의 사역

그리스도의 사역에 대한 고전적 진술은 크게 세 가지가 있다.

첫째, '승리자 그리스도론'이다. 이를 우주적 갈등론이라고도 한다. 우주가 선과 악의 갈등구도 속에 있고 그리스도가 악을 정복하기 위해 오셨다는 것이다. 십자가 역시 승리의 관점에서 이해된다. 이는 선과 악의 대립과 투쟁의 현실을 잘 보여준다. 하지만 선하신 하나님과 악의 세력은 결코 대등하지 않다. 그리스도의 사역에는 투쟁과 승리의 성격이 있지만, 그리스도의 모든 사역을 선과 악의 대등한 대립구도로 설명하려는 자세는 부적절하다. 우리는 승리자 그리스도론의 극단적인 형태를 귀신으로 모든 질병과 고통을 설명하면서 그리스도를 그 귀신을 처단하러 오신 분으로 국한시키는 이단들에게서 볼 수 있다.

둘째, 안셀름의 '만족설'(성자가 십자가의 죄값으로 성부를 만족시킴)이다. 이는 죄의 대가는 지불되어야 한다는 정의의 상식과 잘 맞다. 하지만 하나님은 죄의 대가를 치르게 하심으로 만족을 느끼시는 분인가? 스스로의 만족을 위해 십자가를 요구하시는 분인가? 하나님은 만족하기 위해서가 아니라, 용서하기 위해서 죄의 대가를 치르게 하셨다. 또한 성부는 성자에게 십자가의 고통을 요구하셨을 뿐만 아니라, 그 고통에 친히 참여하신 분이다. 십자가는 몰트만의 표현처럼, 성부의 슬픔과 성자의 고통과 성령의 탄식이 어우러진 하나님의 자기희생인 것이다.

셋째, '도덕감화설'이다. 이는 하나님이 십자가의 희생을 통해 당신의 사랑을 나타내셨다고 본다. 사람들은 이 십자가를 통해 하나님의 사랑을 깨닫고 하나님의 품으로 돌아온다는 것이다. 하지만 여기에는 십자가의 효과는 있지만 내용이 없다. 십자가가 그러한 효력을 내는 근거가 무엇인가? 그것은 분명 십자가의 구속(죄의 값을 치름)이다.

반면 칼빈은 '그리스도의 삼중직'으로 그리스도에 대한 포괄적인 이해를 보여준다. 그는 구약에서 기름부음을 받았던 예언자, 제사장, 왕이라는 세 직책으로 그리스도의 역할을 설명한다. 예언자로서의 그리스도는 도덕적 감화를(요14:6), 제사장으로서의 그리스도는 죄의 대가로서의 만족을(요6:55-57), 왕으로서의 그리스도는 악에 대한 승리를 주신다.

여기서 주의할 것은 이러한 그리스도의 삼중직을 영적·내적 영역으로 이원화·게토화(고립)해서는 안 된다는 것이다. 메시아로서의 그리스도는 신음하는 피조세계를 진정으로 해방시키기 위해, 약자들과 연대하시고 자신을 내어주시는 사랑 가운데 모든 억압과 불의의 세력과 투쟁하시기 때문이다(눅4:18-19).

* * *

십자가와 부활

예수님의 인격은 예수님의 사역을 통해 이해할 수 있다. 예수님의 사역의 핵심은 '십자가와 부활'이다. 그리스도의 십자가는 세계의 폭력적인 악을 폭로한다. 하나님의 심판 아래 있는 세상의 실체를 드러낸다. 하지만 십자가의 그리스도는 폭력의 희생자들과 연대하시는 것으로 그치지 않고, 폭력의 가해자들을 깨우치고 회개케 하며 그리하여 용서하시는 자리까지 나아가신다(사53:4-6). 즉 그리스도의 십자가는 희생자와 가해자 모두를 은혜의 세계로 초대한다. 십자가의 앞면에는 세상의 어둡고 차가운 폭력과 죄악이 드리워져 있지만, 십자가의 뒷면에는 하나님의 밝고 따뜻한 은혜와 사랑이 깃들어 있는 것이다.

그리스도의 십자가는 새로운 미래를 향하고 있다. 그런데 이것은 오직 부활을 통해 열리는 하나님의 미래이다. 바울의 말대로 부활 없는 십자가 신앙은 세상에서 가장 불쌍한 신앙이다. 소브리노(J. Sobrino)는 부활이 있기에 십자가는 더 이상 무력한 사랑의 표출이 아니며, 십자가가 있기에 부활은 사랑 없는 힘의 표출이 아니라고 했다(요11:25-26). 부활의 빛 안에서 십자가는 하나님의 뜨거운 사랑이며, 십자가의 빛 안에서 부활은 하나님의 강력한 구원인 것이다. 십자가와 부활은 이렇게 서로를 비추어 그리스도를 올바로 바라보게 해주고, 그리스도의 사역의 참된 의미를 깨닫게 해준다.

결국 십자가와 부활의 그리스도께서는 폭력적이고 파괴적인 십자가라는 악의 정점에서 비참한 우리의 삶의 현실 속으로 들어오시되, 부활과 생명으로 충만한 하나님의 나라를 가지고 들어오시는 '임마누엘 하나님'이 되신다(마1:23).

19 성육신 | 하나님이 안 보일 때 (요한복음 1:14)

*암송체크

14 말씀이 육신이 되어 우리 가운데 거하시매 우리가 그의 영광을 보니 아버지의 독생자의 영광이요 은혜와 진리가 충만하더라

묵상안내

성육신은 하나님이 인간이 되신 기적이다. 하나님이자 인간이 되신 신비이다. 하나님이 자기를 비우신 사랑이다. 기적과 신비와 사랑의 결정체로서 성육신은 영광스럽다. 그 영광은 아들의 영광이기 때문에 아버지의 영광이고, 아버지의 영광이기 때문에 아들의 영광이다. 그렇게 성육신은 가장 선명한 화질로 하나님의 은혜와 진리를 드러낸다.

당신의 성탄은 언제인가? 성육신의 영광을 보는가? 예수님에게서 하나님의 은혜와 진리를 충만하게 누리는가?

한줄기도

육체로 오신 예수님을 바라봅니다

안내묵상

반복묵상

자유묵상

---

20 메시아 | 공적 책임을 느낄 때 (누가복음 4:18-19)

*암송체크

18 주의 성령이 내게 임하셨으니 이는 가난한 자에게 복음을 전하게 하시려고 내게 기름을 부으시고 나를 보내사 포로 된 자에게 자유를, 눈 먼 자에게 다시 보게 함을 전파하며 눌린 자를 자유롭게 하고 19 주의 은혜의 해를 전파하게 하려 하심이라 하였더라

묵상안내

메시아는 성령으로 기름부음을 받은 자다. 성령은 하나님의 마음과 능력이다. 메시아는 그런 성령을 힘입어 세상을 해방시킨다. 메시아는 모든 것을 해방시키고 회복시키는 희년을 선포한다. 특히 가난하고 억눌리고 고통하는 자들을 해방시킨다. 그렇게 은혜의 새 시대를 연다. 메시아는 신자의 마음 속에 갇힌 사적 메시아가 아니라, 온 세상을 위한 공적 메시아다.

공적 책임을 느끼는가? 메시아가 당신을 해방시켰는가? 메시아가 당신을 통해 세상을 해방시키는가?

한줄기도

메시아의 해방에 참여하겠습니다

안내묵상

반복묵상

자유묵상

21 진리 | 종교다원주의가 유혹할 때 (요한복음 14:6)

*암송체크 ☐☐☐☐

6 예수께서 이르시되 내가 곧 길이요 진리요 생명이니 나로 말미암지 않고는 아버지께로 올 자가 없느니라

묵상안내

진리는 완전한 진실이다. 완전한 진실은 존재의 심연까지 밝히는 빛이다. 그 빛은 밝아서 하나님까지 이르는 길이 된다. 결국 하나님과 연결시키기에 생명도 된다. 그래서 예수님은 길이요 진리요 생명이다. 예수님의 안내를 받아야 한다. 예수님은 엉뚱한 하나님에게 인도하지 않으신다. 아버지 하나님께 인도하신다. 유일하고 참 된 중보자이신 예수님만이 그렇게 하실 수 있다.

종교다원주의가 다른 길도 있다고 유혹하는가? 예수님의 안내를 믿고 따르는가? 아버지 하나님을 만나고 있는가?

한줄기도

예수라는 길을 걷게 하소서

안내묵상

반복묵상

자유묵상

22 십자가 | 중심이 흔들릴 때 1 (이사야 53:4-6)

*암송체크 ☐☐☐☐

4 그는 실로 우리의 질고를 지고 우리의 슬픔을 당하였거늘 우리는 생각하기를 그는 징벌을 받아 하나님께 맞으며 고난을 당한다 하였노라 5 그가 찔림은 우리의 허물 때문이요 그가 상함은 우리의 죄악 때문이라 그가 징계를 받으므로 우리는 평화를 누리고 그가 채찍에 맞으므로 우리는 나음을 받았도다 6 우리는 다 양 같아서 그릇 행하여 각기 제 길로 갔거늘 여호와께서는 우리 모두의 죄악을 그에게 담당시키셨도다

묵상안내

십자가에 달리신 하나님! 이것이 우리 신앙의 시작과 끝이며 중심이다. 다른 것을 붙잡으면 망한다. 바울은 저주를 받는다고 했다. 십자가는 마침내 드러난 하나님 사랑의 비밀이다. 십자가는 놀라운 교환의 은혜다. 하늘과 땅, 하나님과 인간, 의인과 죄인, 복과 저주, 구원과 심판이 자리를 맞바꾼 사건이다. 그래서 십자가는 언제나 하나님과 화목하게 하는 구원이 된다.

중심이 흔들리는가? 십자가의 사랑보다 중요하다고 느끼는 것은 뭔가? 십자가에 달리신 하나님과 화목을 누리는가?

한줄기도

십자가에 달리신 하나님을 바라봅니다

안내묵상

반복묵상

자유묵상

23 부활 | 중심이 흔들릴 때 2 (요한복음 11:25-26)

*암송체크 ☐ ☐ ☐ ☐

25 예수께서 이르시되 나는 부활이요 생명이니 나를 믿는 자는 죽어도 살겠고
26 무릇 살아서 나를 믿는 자는 영원히 죽지 아니하리니 이것을 네가 믿느냐

묵상안내

 부활은 십자가의 빛이다. 부활이 없으면 십자가는 어둠이다. 부활은 십자가의 효력을 보장한다. 하나님의 사랑을 보장하고 하나님의 나라를 보장한다. 그렇게 십자가를 빛낸다. 부활은 십자가의 목적이며 최후이다. 하지만 부활은 십자가와 더불어 이미 시작되었다. 지금 여기 역사하고 있다. 그래서 부활은 자기 십자가를 지고 주님을 따르는 모든 인생들에게 산 소망이 된다.
 중심이 흔들리는가? 부활의 소망보다 중요하다고 느끼는 것은 뭔가? 지금 여기서 시작된 부활의 소망을 믿고 있는가?

한줄기도

부활이요 생명이신 예수님을 믿습니다

안내묵상

반복묵상

자유묵상

24 참양식 | 식탁에서 (요한복음 6:55-57)

*암송체크

55 내 살은 참된 양식이요 내 피는 참된 음료로다 56 내 살을 먹고 내 피를 마시는 자는 내 안에 거하고 나도 그의 안에 거하나니 57 살아 계신 아버지께서 나를 보내시매 내가 아버지로 말미암아 사는 것 같이 나를 먹는 그 사람도 나로 말미암아 살리라

묵상안내

참 양식은 예수님이다. 예수님은 최고의 밥과 국이시다. 밥과 국이 우리를 살리듯이, 예수님도 사람을 살린다. 밥과 국이 자신을 희생하고 내어주듯이, 예수님도 자신을 희생하고 내어주신다. 밥과 국이 우리가 되듯이, 예수님도 우리가 되신다. 예수님이 밥과 국이시라면, 식탁은 최고의 예배처소가 된다. 우리는 식탁에서 예수님을 만나고 경험할 수 있다.

식탁에서 예수님을 만나는가? 예수님을 밥과 국으로 생각해 봤는가? 예수님을 먹고 사는가?

한줄기도

예수를 먹고 예수로 살게 하소서

안내묵상

반복묵상

자유묵상

25 임마누엘 | 지금여기 (마태복음 1:23)

*암송체크

23 보라 처녀가 잉태하여 아들을 낳을 것이요 그의 이름은 임마누엘이라 하리라 하셨으니 이를 번역한즉 하나님이 우리와 함께 계시다 함이라

묵상안내

임마누엘은 지금 여기 우리와 함께 계신 하나님이다. 임마누엘은 예수님이 세상에 오신 목적이다. 제자들을 가르치시고 십자가를 참으신 이유다. 그래서 예수님의 이름은 임마누엘이다. 임마누엘은 하나님과 우리 사이에 절대적인 차이를 넘어오신다. 결코 메워질 수 없을 것 같은 간극을 넘어오신다. 지금 여기가 어떠하든 사랑의 기적으로 우리를 찾아오신다.

지금 여기는 어떤 상황인가? 당신과 하나님의 간극을 느끼는가? 그것을 넘어오시는 사랑의 기적을 믿는가?

한줄기도

하나님은 지금 여기 계십니다

안내묵상

반복묵상

자유묵상

제8장. 성령

신학묵상

* * *

성령

성령님은 거룩한 영이시다. 거룩하다는 것은 무엇인가? 먼저, 거룩하다는 것은 어원적으로 '구별된다'는 뜻이다. 구별되어서 절대적인 가치를 지닌다는 뜻도 된다. 그럼 어떤 점이 구별되는가? 절대적으로 선하고 절대적으로 옳으며 절대적으로 아름답다는 점에서 구별된다. 다음으로, 영(Spirit)이라는 것은 무엇인가? 비유하자면, 영이란 절대적 심연(깊은 못)이다. 모든 존재의 근원이자, 모든 존재의 근거이기 때문이다. 이러한 절대적 거룩함과 절대적 심연의 차원에서, 성령님은 하나님의 영이다. 성경에 따르면, 성령님은 항상 하나님의 활동 전면에 등장하여 역사하신다. 그래서 우리는 다음과 같이 질문할 수밖에 없다. 하나님과 성령님은 어떤 관계인가? 그리스도와 성령님은 어떤 관계인가? 교회와 성령님은 어떤 관계인가? 피조세계와 성령님은 어떤 관계인가?

*　*　*

보혜사 성령

성령님은 그 활동의 내용으로 볼 때, 철저히 '그리스도의 영'이시다. 하나님께서는 성령님을 오직 그리스도의 이름으로 그리스도를 대신하도록 보내시기 때문이다. 그래서 예수님은 당신이 떠나고 나서 오게 될 성령님을 '보혜사'라고 표현하셨다(요 14:26). 보혜사란 도움을 베풀도록 곁으로 부름을 받은 자를 뜻한다. 하지만 그리스도와 구별되는 또 다른 보혜사라고 해서, 그리스도를 대체한다는 의미는 결코 아니다. 보혜사 성령님은 과거에 육체로 오셨던 중보자 그리스도를 이제는 영으로 만나게

도와주시는 영적인 중보자인 것이다. 우리는 성령님의 도우심으로 그리스도를 알고 그리스도와 만나고 그리스도와 연합한다. 바로 이런 점에서 성령님은 그리스도의 영으로서 보혜사가 되신다.

* * *

하나님의 영

성령님은 항상 하나님의 활동의 전면에 나타나신다. 그렇다고 해서 성령님을 하나님의 손이나 도구, 하나님의 가면, 혹은 하나의 피조물이나 하등 신 등으로 축소하거나 격하해서는 안 된다. 성령님은 그 근원에서부터 '하나님의 영'이시기 때문이다. 성령님은 하나님의 영이시기 때문에 하나님과 존재의 심연을 공유하시고 하나님의 가장 깊은 것까지도 통달하신다. 그렇기에 성령님은 우리에게 진정한 하나님의 실체를 계시하실 수 있는 진정한 하나님이 되신다(고전2:10,13).

고대교회는 1-3세기까지 대개 성령의 본성보다는 성령의 사역에 관심을 가졌다. 그래서 성령의 신성은 인정했지만 성령을 하나님이라고 부르지는 않았다. 그리고 성부나 성자 아래에 속하는 열등한 신성으로 보는 종속론적인 경향도 있었다. 하지만 4세기에는 그리스도론과 함께 성령론도 발전한다. 그리하여 381년 니케아–콘스탄티노플 신조를 통해 교회는 성령의 신성을 분명하게 선언하기에 이른다. 나지안주스의 그레고리(Gregory of Nazianzus)는 성자는 성부로부터 영원히 태어나심으로, 성령은 '성부로부터 영원히 나오심'으로 성자와 성령의 차이를 설명했다. 이는 다마스커스의 요한(John of Damascus, 675-749)을 거쳐 동방교회 신학의 표준이 되었다.

성령의 영원한 발원(나오심)에 대해 동서교회는 일치를 보였다. 하지만 이후 서방교회는 성령이 성부로부터만이 아니라 성자로부터도 나온다는 이중발원을 주장한다. 그래서 일어난 논쟁이 바로 그 유명한 '필리오케(그리고 아들) 논쟁'이다. 정치적 배경이 뒤얽힌 이 논쟁으로 결국 동서교회는 1054년에 분열된다. 몰트만은 이 성령의 이중발원이 지닌 장점과 단점을 지적한다. 장점은 성령이 그리스도로부터도 나온다고 말함으로써 '그리스도의 성령'을 설명하기가 용이하다는 것이다. 하지만 단점은 성령으로 잉태되어 성령의 기름부음을 받아 성령의 인도를 받은 뒤, 성령에 의해 죽으시고 부활하신 '성령의 그리스도'를 설명하기는 어렵다는 점이다.

그래서 몰트만은 동방교회와 서방교회의 입장을 통합하는 새로운 표현을 제안한다. 즉 성령님은 그냥 아버지로부터나 그냥 아들로부터가 아니라, '아들의 아버지로부터' 나오신다는 것이다. 아버지는 반드시 아들을, 아들은 반드시 아버지를 전제하기 때문이다. 우리는 아버지 없는 자식, 자식 없는 아버지를 상상할 수 없다. 몰트만에 따르면, 아들의 아버지로부터 나오시는 성령님은 성부로부터 나와 성자 안에서 쉬며 성자를 통하여 빛난다. 이러한 표현은 순환이 없는 필리오케보다 더 삼위일체 하나님을 잘 드러내는 페리코레시스적인 표현이다.

* * *

성령의 사역

성령님은 어떤 일을 하시는가? 성령님은 우리에게 그리스도의 자유롭게 하는 복음이 현실화되도록 역사하신다(고후3:17). 첫째로, 성령님은 하나님의 성품에 참여하게 하셔서 열매 맺는 새 삶을 살게 하신다(갈5:22-23). 우리의 인격과 삶을 변화시켜 가신다. 둘째로, 성령님은 하나님의 깊은 것을 헤아리시는 하나님의 영이기에, 우리 영의 깊은 것까지 헤아리며 진정한 의미에서 함께 하신다. 그래서 하나님과의 대화인 기도가 가능하도록 도우신다(롬8:26-27). 셋째로, 성령님은 악과 고통이 실재하는 세상 한 가운데 하나님의 나라를 가져오신다(마12:28). 마치 그리스도의 두 손처럼 자비롭게, 신실하게, 놀랍게 일하신다.

이렇게 성령님은 참으로 그리스도를 대신하시는 그리스도의 영으로서 그리스도의 교회를 세워 가신다. 나아가 교회를 통해 세상 가운데 구원의 영으로 일하신다. 하지만 우리는 성령님을 교회 안에 가둬서는 안 된다. 좁은 의미의 그리스도 안에 가둬서도 안 된다. 성령님은 정의의 영이자 평화의 영이며, 공동체를 세우는 사랑의 영이자 세상을 살리는 치유의 영이며, 하나님에 대한 지식을 세상 속에 확장시키는 영이자 모든 세속적 지식의 원천일 뿐 아니라 무신적인(하나님이 없다고 하는) 사상과 철학에 저항하는 영이기도 하기 때문이다. 그러니까 성령님은 메시아의 공적 사역을 완성하시는 '공적인 영'인 것이다.

뿐만 아니라, 성령님은 '종말론적 영'이다. 종말론적이라는 말은 종말에 대한 기독교적 비전과 관련될 때 쓰는 말이다. 그러니까 종말론적 영이란 종말을 보여주고 종말을 보장하며 종말을 가져오는 영이라는 뜻이다. 성령님은 종말에 이르러 하나님이 만물 가운데 내주(안에 거하심)하시리라는 '종말론적인 만유재신론적 희망의 보증'으로 현존(지금 존재)하고 계신다. 무상성(형상이 없어짐)과 악에 대한 고통이 경험되는 세상 속에서 말이다. 성령님은 종말의 새로운 탄생을 기다리며 탄식하는 모든 피조물 안에서 함께 탄식하신다. 탄식만 하시는 게 아니라 그리스도의 종말을 세상 앞으로 앞당겨 오신다. 동시에 세상을 그리스도의 종말을 향해 이끌어 가신다. 그래서 종말론적 영이시다.

왜 성령님은 종말에 이르도록 온 세상의 운명과 함께 하실까? 성령님은 종말론적 영이기 전에 존재하는 모든 세계의 신적인 근원이자 생동하는 모든 피조물의 창조적 역동성이기 때문이다. 한 마디로 성령님은 '창조와 생명의 영'이다. 그리스도와 상관없이 사람들이 생명의 심오함과 생동감 속에서 하나님의 신성과 능력을 경험하는 이유가 바로 여기에 있다. 사람들이 인정하든, 안하든 우리는 창조와 생명의 영에 의해 존재하고 숨쉬며 움직이고 있는 것이다.

이처럼 성령의 권능은 창조와 구속, 성화와 돌봄, 변혁과 종말에 이르기까지 전능하신 하나님의 손이 미치는 하늘과 땅의 모든 영역에 걸쳐있고 스며있다. 우리가 사모해야 할 권능의 성령님은 바로 이런 분이다(행1:8).

26 보혜사 | 외로울 때 (요한복음 14:26)

*암송체크 ☐ ☐ ☐ ☐

26 보혜사 곧 아버지께서 내 이름으로 보내실 성령 그가 너희에게 모든 것을 가르치고 내가 너희에게 말한 모든 것을 생각나게 하리라

묵상안내

보혜사는 성령으로 오신 임마누엘이다. 예수님이 육체로 오신 임마누엘이라면, 성령님은 영으로 오신 임마누엘이다. 육체는 우리 곁으로 오지만, 성령님은 우리 안으로 들어오신다. 그래서 예수님은 당신이 떠나는 게 더 유익하다고 하셨다. 성령님은 아버지께서 아들의 이름으로 보내시는 영이다. 그래서 성령충만할수록 예수님과 가까워지고 결과적으로 아버지와 가까워진다.

외로운가? 아버지께서 아들의 이름으로 보내시는 성령님을 아는가? 성령님의 가르치심과 인도하심을 인정하는가?

한줄기도

성령님! 나를 가르치소서

안내묵상

반복묵상

자유묵상

27 성품 | 잘 살고 있는지 궁금할 때 (갈라디아서 5:22-23)

*암송체크

22 오직 성령의 열매는 사랑과 희락과 화평과 오래 참음과 자비와 양선과 충성과 23 온유와 절제니 이같은 것을 금지할 법이 없느니라

묵상안내

성품은 성령의 열매다. 성령의 열매는 9가지가 아니라 1가지다. 바로 사랑이다. 하나님은 사랑이시기 때문이다. 나머지 8가지는 사랑의 구체적인 열매다. 사랑은 구체화되어야 사랑이다. 하지만 열매는 맺히기까지 시간이 걸린다. 성령의 열매, 사랑의 열매도 그렇다. 하지만 마침내 맺혀진 사랑의 열매는 온 세상을 감동시키고 변화시킨다.

잘 살고 있는가? 사랑의 열매를 맺고 사는가? 내 삶의 자리에서 요청되는 구체적인 사랑의 열매는 무엇일까?

한줄기도

성령의 열매를 맺게 하소서

안내묵상

반복묵상

자유묵상

28 권능 | 능력이 부족할 때 (사도행전 1:8)

*암송체크

8 오직 성령이 너희에게 임하시면 너희가 권능을 받고 예루살렘과 온 유대와 사마리아와 땅 끝까지 이르러 내 증인이 되리라 하시니라

묵상안내

권능은 성령님이 주신다. 성령님은 하나님의 권능의 양손이다. 성령님은 하나님의 권능을 주셔서 하나님의 증인이 되게 하신다. 성령의 권능을 구하라. 성령의 권능을 제한하지 말라. 결정은 성령님이 하신다. 적게 줄지, 많이 줄지, 어떤 것을 줄지는 성령님의 뜻대로 이다. 우리는 다만 하나님의 위대한 선교와 사역을 위해 성령의 권능을 구하면 된다.

능력이 부족하다고 느끼는가? 혹시 제한하고 있는 성령의 권능이 있는가? 성령의 권능을 기대하고 구하는가?

한줄기도

성령의 권능을 부어 주소서

안내묵상

반복묵상

자유묵상

29 천국 | 천국이 멀게 느껴질 때 (마태복음 12:28)

*암송체크 ☐☐☐☐

28 그러나 내가 하나님의 성령을 힘입어 귀신을 쫓아내는 것이면 하나님의 나라가 이미 너희에게 임하였느니라

묵상안내

천국은 이미 임했다. 천국은 하나님의 영으로 충만한 세계다. 그래서 성령이 오심과 함께 천국이 왔다. 성령은 거룩한 영이다. 성령이 임하면 귀신은 떠난다. 성령과 악령은 공존할 수 없다. 성령은 하늘의 온갖 좋은 것을 가져오신다. 그렇기에 우리는 이 땅에서 천국을 맛볼 수 있다. 사람들에게 천국을 맛보게 할 수 있다. 성령을 가진 자는 천국을 가진 자다.

천국이 멀게 느껴지는가? 이미 임한 천국을 얼마나 누리는가? 성령이 천국의 어떤 좋은 것을 가져왔으면 좋겠는가?

한줄기도

아버지의 나라가 오게 하소서 (주기도문)

안내묵상

반복묵상

자유묵상

30 탄식기도 | 기도가 안 될 때 (로마서 8:26-27)

*암송체크

26 이와 같이 성령도 우리의 연약함을 도우시나니 우리는 마땅히 기도할 바를 알지 못하나 오직 성령이 말할 수 없는 탄식으로 우리를 위하여 친히 간구하시느니라 27 마음을 살피시는 이가 성령의 생각을 아시나니 이는 성령이 하나님의 뜻대로 성도를 위하여 간구하심이니라

묵상안내

탄식기도는 성령의 기도다. 성령님은 우리의 연약함을 아신다. 그래서 우리의 연약함을 도우신다. 특히 기도를 도우신다. 우리는 기도할 바를 모르기 때문이다. 하지만 성령님은 성도의 사정과 하나님의 뜻을 모두 가장 잘 아신다. 그래서 완벽한 기도를 하신다. 성령의 탄식기도는 인간의 언어가 닿지 않은 기도다. 존재의 심연에서 터져 나오는 기도다.

기도가 안 되는가? 기도를 잘 못하는게 당연함을 인정하는가? 성령의 탄식기도를 믿고 그저 진실되게 탄식해 봤는가?

한줄기도

성령님! 기도를 도와주세요

안내묵상

_____

_____

_____

_____

반복묵상

_____

_____

_____

_____

자유묵상

_____

_____

_____

_____

31 자유 | 눌릴 때 (고린도후서 3:17)

*암송체크

17 주는 영이시니 주의 영이 계신 곳에는 자유가 있느니라

묵상안내

　자유는 성령님이 주신다. 성령님은 주님의 영이기 때문이다. 주님의 영은 메시아의 영이다. 메시아의 영은 온 세상을 해방시킨다. 모든 묶인 곳을 찾아 나선다. 모든 눌린 자를 찾아 나선다. 영은 존재의 심연이다. 그래서 진정한 자유를 줄 수 있다. 깊은 자유를 줄 수 있다. 모든 묶인 것을 풀 수 있다. 모든 눌린 자를 자유롭게 할 수 있다.

　눌리는가? 성령의 자유를 누리는가? 주변에 성령의 자유가 절실히 필요한 눌린 자는 없는가?

한줄기도

눌린 자를 자유롭게 하소서

안내묵상

반복묵상

자유묵상

32 분별 | 선택의 기로에서 (고린도전서 2:10,13)

*암송체크 ☐ ☐ ☐ ☐

10 오직 하나님이 성령으로 이것을 우리에게 보이셨으니 성령은 모든 것 곧 하나님의 깊은 것까지도 통달하시느니라 13 우리가 이것을 말하거니와 사람의 지혜가 가르친 말로 아니하고 오직 성령께서 가르치신 것으로 하니 영적인 일은 영적인 것으로 분별하느니라

묵상안내

　분별은 선택이다. 좋은 것과 나쁜 것, 혹은 좋은 것과 더 좋은 것 사이에서 선택하는 것이다. 기준은 하나님이다. 하나님과 멀어지는 길과 가까워지는 길 중에서 선택하는 것이다. 하나님의 기쁨과 아픔 사이에서 선택하는 것이다. 하나님의 마음과 뜻은 성령님이 아신다. 성령님은 하나님의 깊은 것까지도 통달하시는 분이기 때문이다. 그래서 성령충만은 깊은 것을 분별하게 한다.
　선택의 기로에 있는가? 선택의 기준이 하나님인가, 욕망인가? 하나님의 깊은 것까지 통달하시는 성령님의 뜻을 묻는가?

한줄기도

하나님의 뜻을 분별하게 하소서

안내묵상

반복묵상

자유묵상

제9장. 신앙

신학묵상

* * *

신앙

신앙의 사전적 의미는 '믿고 받드는 일'이다. 루터도 우리의 마음이 늘 응시하고 신뢰하는 그것이 진짜 우리의 하나님이라고 했다. 이런 점에서 우리가 무엇을 믿고 무엇을 받들며 살아가는지는, 종교예식보다 더 확실한 신앙의 표지가 된다. 신앙은 믿음과 행위, 즉 어떤 세계관과 생활방식으로 살아가는지를 통해 드러난다(약1:27). 그렇다면 그리스도인의 세계관과 생활방식은 무엇일까?

* * *
이성

신앙은 생각하는 것이다. 생각하지 않고 그냥 믿는 것이 신앙이라고 여기는 것은 오해다. 현대의 스킬레벡스(E. Schillebeeckx)는 '기독교 신앙은 우리로 하여금 생각하게 한다'고 했고, 그에 앞서 중세의 안셀무스(Anselm)는 '신앙이란 이해를 추구한다'고 했으며, 그에 앞서 고대의 아우구스티누스(Augustine)는 더욱 적극적으로 자신은 '이해하기 위해 믿는다'고까지 했다. 신앙과 이성은 대립하지 않는다. 신앙이 생각으로 발전할 수 있고 생각이 신앙으로 발전할 수도 있다. 신앙과 이성은 서로를 포함하고 상호작용한다. 신앙은 진정한 의미의 이성과 대립하지 않는다. 다만, 관념주의(이성 따위를 본질로 여기고 그것으로 물질현상을 설명)나 실증주의(과학적 증거가 있을 때만 사실로 인정)처럼, 이성을 좁은 의미에서 규정하고 절대시하는 '이성주의'와 대립할 뿐이다.

신앙은 비이성이 아니다. 신앙은 이성이다. 여기서 말하는 이성은 닫힌 이성이 아니라 '열린 이성'이다. 인간의 경험과 과거와 논리에 갇힌 이성이 아니라, 전체와 미래와 신비에 열린 이성이다. 열린 이성은 이성적 차원을 부정하지 않는다. 부정하는 순간 '신앙주의'와 같은 맹신의 독이 퍼지기 때문이다.

하지만 '신앙의 이성적 사고'는 그리 간단치 않다. 그 이유는 신비로운 하나님을 사고의 대상으로 삼고, 사고의 주체인 우리의 상황은 시시각각 변하기 때문이다. 게다가 신앙의 내용과 삶의 현실이 조화되지 않는 경우들도 만나기 때문이다. 그런 점에서 하나님의 뜻을 분별해가는 수고를 포함하는 신앙의 이성적 사고과정은, 그 자체가 하나의 예배이며 헌신이다(롬12:1-2).

* * *

믿음

칼뱅주의 이중예정론에 따르면, 하나님은 영원 전에 구원받을 자와 심판받을 자를 미리 선택하셨다. 그렇기에 구원에 요청되는 믿음의 응답도 전적으로 하나님에게 달렸다. 이렇게 되면 사실상 믿음은 인간의 활동이 아니라, 전적으로 하나님의 활동이 된다. 우리의 구원은 전적으로 하나님의 믿음과 선택과 예정에 의해 결정되는 것이다. 이런 주장은 하나님의 주권의 우위성을 드러내는 장점이 있다. 하지만 여기에는 인간의 믿음과 선택과 자유가 설 자리가 하나도 없다. 인간이 전혀 선택하지 않은 믿음에 따라 구원도 하고 심판도 하는 하나님을 상상해보라. 이는 불가해한(이해할 수 없는) 신비라는 말로 포장할 수 없으며 무시무시한 폭군과 다르지 않다.

우리는 성경에서 하나님의 구원하심에 믿음으로 응답할 것을 사람들에게 열정적으로 요청하시는 '은총의 하나님'을 만난다. 그렇기에 인간의 믿음이 근원적으로 하나님에게 근거할지라도, 성령의 일방적이고 강권적인 역사가 성경에 간혹 나올지라도, 인간의 믿음의 선택과정에 인간이 전혀 관여하지 않는다는 생각은 적절치 않다. 예수 그리스도의 하나님은 사랑과 정의의 하나님이시기 때문이다. 특정한 사람에게만 믿음을 주시고, 나머지에게는 불신의 죄를 묻는 무섭고 부당한 하나님이 아니다. 예수 그리스도의 하나님은 모든 사람들이 구원받기를 원하시기에 온 천하에 복음을 전파하라고 명령하신다. 다시 말해, 사람들에게 자유로운 '믿음의 선택 가능성'을 주시는 분이다.

그렇다고 하나님이 수동적이고 피동적이라는 말은 아니다. 하나님은 선하신 뜻 가운데 능동적이고 자발적으로 역사 속에서 일하신다. 우리는 하나님의 주권과 자유를 인간의 선택과 자유의 발아래 둘 수 없다(시127:1). 사실 하나님의 주권과 인간의 자유라는 '신앙의 변증법'(대립하는 양극의 상호작용으로 현상설명)은 구원의 문제를 포함한 신앙 전반에 걸쳐있는 주제다. 건강한 믿음이란 하나님과 인간의 자유 모두를 받아들이고 양극의 변증법적 운동을 인정하는 것이다. 어느 한쪽을 부정할 수 없다. 예수 그리스도의 하나님은 선하신 주권자이자, 인간을 자유로운 응답자로 부르시는 사랑의 하나님이기 때문이다. 믿음이란 하나님과의 관계에서 이러한 은혜를 받아들이고 좋은 것을 주시는 하나님께 나아가는 것이다(히11:6).

* * *

소망

믿음은 소망으로 나아간다. 무언가를 믿으면 무언가를 바라게 되기 때문이다. 다시 말해, 믿지 못하면 소망할 수 없다. 믿음은 이미 이루어진 일을 사실로 받아들이는 것으로서 과거에 방점이 있다. 반면에 소망은 그 믿음에 근거해 앞으로 이루어질 일을 충분한 가능성으로 받아들이는 것으로서 미래에 방점이 있다. 소망은 '믿음의 미래적 확장'인 셈이다. 그렇다면 소망의 근거가 되는 믿음의 내용은 무엇인가? 그리고 믿음의 확장인 소망이 기대하는 바는 무엇인가?

소망의 근거와 기대는 모두 '예수 그리스도의 부활'에 기초한다. 부활이 없으면 소망은 없는 것이다. 부활은 성서가 증언하고 교회가 경험하는 그리스도에 대한 믿음의 핵심이다. 부활은 오고 있는 하나님 나라가 미리 앞당겨 성취된 사건으로 유일무이한 성격을 지닌다. 그러니까 '종말론적인 선취의 사건'이다. 하지만 부활이란 과거와 미래에만 국한된 사건이 아니다. 과거와 미래 사이 역사의 도상에서 교회가 경험하는 '현재적인 사건'이기도 하다. 그리스도의 부활의 영은 지금도 살아 역사하기 때문이다. 그래서 우리를 산 소망에 근거한 감사와 평안으로 이끌기 때문이다(빌4:6-7). 소망은 이처럼 자기 자신과의 관계에서 우리의 오늘을 하나님의 미래로 이끄는 약속을 붙잡는 것이며 그 약속에 붙잡히는 것이다.

* * *

사랑

소망을 포함하는 믿음은 반드시 사랑으로 나아간다. 우리가 믿는 바는 '십자가에 달리신 그리스도'의 부활이기 때문이다. 십자가에 달리신 그리스도는 자신을 내어주시며 죄인을 용서하신다. 약자와 연대하시며 악과 투쟁하신다. 한 마디로 '사랑의 화신'이다. 그리스도의 관계적 삶은 모든 인간의 관계적 삶의 원형이다. 그래서 모범이 되시며 변화의 동력도 되신다.

　오직 그리스도를 통해 드러난 삼위일체 하나님의 내적 관계는 서로를 위해 기쁨으로 공간을 마련하고 서로를 한없이 환대하며 서로가 끝없이 상호작용하는 관계이다. 한 마디로 페리코레시스(상호내주, 상호침투, 상호순환)적인 '사랑의 관계'다. 이러한 하나님의 본성적인 사랑의 관계성은 대화와 협력과 공존을 요청하는 인간의 실존적인 상황과 정확히 상응한다. 사랑의 하나님이 인간 실존의 해답인 것이다. 십자가의 그리스도 안에서 발견되는 하나님의 사랑에 대한 우리의 믿음 역시, 우리로 하여금 오직 이웃과 대화하고 협력하며 공존하는 사랑의 삶으로 나아갈 것을 강력히 끝없이 촉구한다(마22:37-40). 그렇기에 그리스도 안에서 '믿는다'는 말과 '사랑한다'는 말은 동의어다(요일 3:16).

33 형제 | 형제가 도움이 필요할 때 (요한일서 3:16)

*암송체크

16 그가 우리를 위하여 목숨을 버리셨으니 우리가 이로써 사랑을 알고 우리도 형제들을 위하여 목숨을 버리는 것이 마땅하니라

묵상안내

형제는 예수의 피로 맺은 가족이다. 예수님은 나만을 위해 죽지 않으셨다. 옆에 있는 형제들을 위해서도 죽으셨다. 나의 가치가 십자가만큼 이듯이, 형제의 가치도 십자가만큼 이다. 우리는 십자가를 통해 예수님의 사랑을 알고 배운다. 사랑이 모자란다고 느낄 때마다, 십자가의 예수님께 나아가라. 예수님은 사랑할 힘과 용기와 열정과 지혜를 주실 수 있다.

형제가 도움이 필요한가? 형제의 가치를 어떻게 생각하는가? 형제를 위해 내가 할 수 있는 것은 무엇인가?

한줄기도

형제를 사랑하게 하소서

안내묵상

반복묵상

자유묵상

34 주권 | 내가 주인처럼 느껴질 때 (시편 127:1)

*암송체크

1 여호와께서 집을 세우지 아니하시면 세우는 자의 수고가 헛되며 여호와께서 성을 지키지 아니하시면 파수꾼의 깨어있음이 헛되도다

묵상안내

　주권은 하나님께 있다. 물론 하나님은 모든 것을 시시콜콜 결정해놓지 않으셨다. 그리고 우리에게는 선택의 자유와 변화의 능력이 있다. 그럼에도 불구하고 최종결정권은 늘 하나님께 있다. 이것을 아는 사람은 겸손할 수 밖에 없다. 기도할 수 밖에 없다. 그는 하나님이 없는 것처럼 최선을 다하면서도, 하나님이 다 하시는 것처럼 기도한다.

　내가 주인처럼 느껴지는가? 최종결정권이 하나님께 있음을 인정하는가? 나의 몫을 다했는가?

한줄기도

　하나님이 (　　)을 돕지 않으시면 나의 수고가 헛됩니다

안내묵상

반복묵상

자유묵상

35 계명 | 우선순위가 헷갈릴 때 (마태복음 22:37-40)

*암송체크 ☐☐☐☐

37 예수께서 이르시되 네 마음을 다하고 목숨을 다하고 뜻을 다하여 주 너의 하나님을 사랑하라 하셨으니 38 이것이 크고 첫째 되는 계명이요 39 둘째도 그와 같으니 네 이웃을 네 자신 같이 사랑하라 하셨으니 40 이 두 계명이 온 율법과 선지자의 강령이니라

묵상안내

사랑의 계명이 핵심이다. 사랑이신 하나님을 사랑하고 사랑하라고 곁에 두신 사람을 사랑하는 일보다 더 중요한 일은 없기 때문이다. 사랑은 사랑답게 해야 사랑이다. 대충하면 사랑이 아니다. 자신을 내어주어야 사랑이다. 마음을 다하고 목숨을 다하고 뜻을 다하는 것이 사랑이다. 예수님이 가르치시고 보여주신 사랑은 그런 사랑이다. 십자가의 사랑은 그런 사랑이다.

우선순위가 헷갈리는가? 내가 하려는 모든 일이 사랑을 위한 일인가? 그렇지 않은 일이 과연 가치가 있는가?

한줄기도

오늘 하루 사랑하기 위해 살게 하소서

안내묵상

반복묵상

자유묵상

36 예배 | 예배가 형식적일 때 (로마서 12:1-2)

*암송체크

1 그러므로 형제들아 내가 하나님의 모든 자비하심으로 너희를 권하노니 너희 몸을 하나님이 기뻐하시는 거룩한 산 제물로 드리라 이는 너희가 드릴 영적 예배니라 2 너희는 이 세대를 본받지 말고 오직 마음을 새롭게 함으로 변화를 받아 하나님의 선하시고 기뻐하시고 온전하신 뜻이 무엇인지 분별하도록 하라

묵상안내

　예배는 삶이다. 공예배는 삶예배로 이어질 때만 진짜다. 삶예배는 하나님께 거룩하게 몸을 드리는 것이다. 하나님이 기뻐하시는 뜻대로 몸을 바치는 삶이다. 그러려면 성령의 도우심으로 마음을 새롭게 해야 한다. 세상의 때를 씻어야 한다. 그렇게 할 때 하나님의 선하시고 기뻐하시고 온전하신 뜻을 분별하여, 우리의 몸을 거룩한 산 제물로 드리는 삶예배가 된다.
　예배가 형식적인가? 삶으로 예배하는가? 성령의 도움으로 마음을 새롭게 하여 하나님이 기뻐하시는 뜻을 분별하는가?

한줄기도

　하나님이 기뻐하시는 삶으로 예배하게 하소서

안내묵상

반복묵상

자유묵상

37 믿음 | 믿지만 흔들릴 때 (히브리서 11:6)

*암송체크 ☐☐☐☐

6 믿음이 없이는 하나님을 기쁘시게 하지 못하나니 하나님께 나아가는 자는 반드시 그가 계신 것과 또한 그가 자기를 찾는 자들에게 상주시는 이심을 믿어야 할지니라

묵상안내

　믿음은 기도다. 믿음은 살아계신 하나님의 선한 응답을 믿고 구하는 것이기 때문이다. 믿음은 구체적이고 실제적이다. 믿음은 하나님이 상과 복과 좋은 것을 주심을 믿고 하나님께 나아가는 것이다. 믿음은 하나님의 은혜에 가장 합당한 반응이다. 믿음은 하나님의 존재를 긍정하고 존중하는 행위이기 때문이다. 그래서 믿음은 그 자체가 하나님을 기쁘시게 하는 행위다.
　믿지만 흔들리는가?　살아계신 하나님의 선한 응답을 믿고 구하는가?　나의 믿음을 기뻐하시는 하나님을 생각해봤는가?

한줄기도

선한 응답을 믿고 살아계신 하나님께 나아갑니다

안내묵상

_____
_____
_____
_____
_____

반복묵상

_____
_____
_____
_____
_____

자유묵상

_____
_____
_____
_____
_____

38 경건 | 신앙이 종교화될 때 (야고보서 1:27)

*암송체크

27 하나님 아버지 앞에서 정결하고 더러움이 없는 경건은 곧 고아와 과부를 그 환난 중에 돌보고 또 자기를 지켜 세속에 물들지 아니하는 그것이니라

묵상안내

경건은 하나님이 거룩하게 보시는 삶이다. 하나님은 종교행위를 보시지 않는다. 삶을 보신다. 특히 약자에게 어떻게 하는지를 보신다. 하나님은 약자를 사랑하시고 불쌍히 여기시기 때문이다. 이것이 시금석이다. 또 하나의 시금석은 세상의 속된 가치관에 물들지 않는 마음이다. 이 외적, 내적 시금석이 진짜 경건을 가려낸다.

신앙이 종교화되는가? 나는 약자들을 위해 무엇을 하는가? 나는 세상의 속된 가치관으로부터 마음을 어떻게 지키는가?

한줄기도

나를 지키고 남을 살리게 하소서

안내묵상

_____
_____
_____
_____

반복묵상

_____
_____
_____
_____

자유묵상

_____
_____
_____
_____

39 감사기도 | 걱정이 많을 때 (빌립보서 4:6-7)

*암송체크

6 아무 것도 염려하지 말고 다만 모든 일에 기도와 간구로, 너희 구할 것을 감사함으로 하나님께 아뢰라 7 그리하면 모든 지각에 뛰어난 하나님의 평강이 그리스도 예수 안에서 너희 마음과 생각을 지키시리라

묵상안내

　감사기도는 예수님 때문에 한다. 예수님 때문에 상황이 안 좋고 염려가 생겨도 하는 것이 감사기도다. 예수님은 모든 것이 하나님께로부터 왔고 모든 것을 하나님이 섭리하신다는 보증이 되시기 때문이다. 우리는 예수님 안에서 어제와 오늘과 내일이 모두 하나님의 손 안에 있음을 안다. 그래서 우리는 예수님 안에서 감사기도를 드리며 염려를 맡기고 평강을 누릴 수 있다.

　걱정이 많은가?　예수님 안에서 지금의 상황을 바라보는가? 감사기도의 축복과 능력을 누리는가?

한줄기도

(　　)을 감사합니다

안내묵상

반복묵상

자유묵상

제10장. 교회

신학묵상

***

교회

교회란 무엇인가? 성경은 교회를 출애굽한 하나님의 백성, 하나님의 종 된 백성, 그리스도의 몸, 성령의 공동체 등 여러 표상을 사용해 묘사한다. 신학에서는 교회의 모형을 그 성격에 따라 구원의 제도로서의 교회, 성령의 친밀한 공동체로서의 교회, 구원의 성례전으로서의 교회, 복음의 전달자로서의 교회, 섬김의 모형으로서의 교회로 분류하기도 한다.

오늘날의 교회는 사회로부터 많은 지탄을 받고 있다. 현대교회의 문제는 한편으로는 세상과 뒤섞여 세속화되고 사유화되는 것이고, 다른 한편으로는 세상과 담을 쌓은 채 조직화되고 화석화된다는 것이다. 전자의 교회가 세상을 닮아 세상과 구별되지 않는 것이 문제라면, 후자의 교회는 세상을 거부해 세상과 분리되는 것이 문제다. 이 둘의 공통점은 '교회가 세상 가운데 선한 영향력을 끼치지 못한다'는 점이다. 지금은 참된 교회란 무엇이며 교회가 지향해야 할 바가 무엇인지를 고민하지 않을 수 없는 시대이다.

* * *

교회의 표지

니케아–콘스탄티노플 신조는 사도신경과 더불어 전교회적으로 권위를 인정받아 온 신앙고백문이다. 이 신조는 초대교회 이후 계속된 이단들과의 논쟁 속에서, 교회가 자신의 신앙고백을 명확하게 하고자 노력한 결실이다. 기독교는 바로 이 신조를 통해 삼위일체 하나님과 교회의 정체성을 분명하게 징립할 수 있었다. 이 신조는 교회의 표지로 '하나의 거룩한 보편적인 사도적 교회'를 믿노라고 고백한다.

첫째, 교회는 하나다. 하나님이 하나이시고, 하나님과 예수님이 하나이시며, 예수님 안에서 인류가 하나이기 때문이다(요 17:21). 교회가 하나라는 말은 유일하신 하나님과의 관계 속에서 하나라는 뜻이다. 즉, 서로의 다름과 다양성을 부정하는 숫자적인 하나가 아니다. 교회는 그리스도 안에서 서로 다름 가운데 서로 다름에도 불구하고 서로 하나임을 발견한다. 그러므로 교회는 하나 됨을 앞세워 서로의 자율성과 창의성을 옥죄어서는 안 된다. 교회는 그런 획일적이고 위계적이며 강압적인 조직체가 아니다. 교회는 삼위일체 하나님의 페리코레시스처럼 '역동적이고 평등하며 조화로운 공동체'로서 하나다.

둘째, 교회는 거룩하다. 하나님이 그리스도 안에서 십자가 대속의 은혜로 그 죄를 사하셨기 때문이다. 뿐만 아니라 하나님과의 새로운 관계 속으로 초대하셨기 때문이다. 그러니까 교회란 대속의 은혜로 하나님의 자녀가 된 거룩한 성도들의 모임인 것이다. 거룩하게 되었다는 것은 형이상적인 마술적 변화를 뜻하지 않는다. 그것은 철저하게 실존적인 변화다. 그래서 반드시 세계관과 행위의 변화로 나타날 수밖에 없다. 그러므로 거룩한 생활로 나타나지 않는 믿음은 죽은 믿음이라고 할 수 있다. 교회는 오직 그리스도에 대한 믿음으로 거룩하게 된다. 하지만, 그 믿음은 오직 '그리스도를 닮은 거룩한 생활'로 드러나고 증명된다(약2:22).

셋째, 교회는 보편적이다. 교회가 섬기는 하나님이 그런 분이기 때문이다. 하나님은 종교나 인종이나 관념에 갇혀 계신 분이 아니다. 교회의 일치를 위한 연합운동인 '에큐메니컬'이란 용어의 어원은 오이쿠메네이다. 오이쿠메네는 '모든 땅, 세계, 우주'를 뜻한다. 하나님은 공간적으로 하늘과 땅과 그 가운데 모든 것을 포괄하시는 우주적인 하나님이다. 시간적으로는 어제와 오늘과 내일을 비롯한 모든 시간을 포괄하시는 영원하신 하나님이다(요계22:13). 그러므로 보편적인 하나님을 믿는 교회라면, 보편적인 교회 됨을 추구해야 할 것이다. 우주적인 신학, 모든 피조세계와 인류역사를 품는 신앙, 아무도 소외시키지 않는 목회를 추구해야 할 것이다.

넷째, 교회는 사도적이다. 사도적 교회란 사도들이 전한 그리스도의 터 위에 세워진 교회다. 사도적 교회는 근대적인 역사주의의 의심 속에서 만들어진 '역사적 예수'를 믿지 않는다. 혹은 포스트모던적인 상대주의의 주관 속에시 민들어진 '해체된 예수'를 믿지 않는다. 오직 예수 그리스도를 직접 보고 듣고 경험한 사도들이 전한 십자가와 부활로 요약되는 '복음의 그리스도'만을 믿는다. 예수님은 바로 이 터 위에 당신의 교회를 세우겠다고 약속하셨다(마16:18). 그래서 사도 바울은 만약 사도들이 전한 그리스도의 터 외에 다른 터 위에 교회를 세우는 자가 있다면, 그는 결코 심판을 면치 못하리라고 경고한다(고전3:11).

* * *
메시아로서의 교회

 전통적인 교회의 표지는 매우 중요한 표지임에 분명하다. 하지만 신앙고백이란 당시의 상황과 열망이 반영되기 마련이다. 그렇기에 지금의 상황이 요청하는 바를 충분히 담아내지 못할 수도 있다. 그러므로 우리는 그리스도가 오늘날 우리에게 누구이신지를 물어야 하는 것처럼, 교회가 오늘날 우리에게 어떠해야 하는지도 물어야 한다. 다시 말해, 심각한 수준의 세계적인 부의 불균형과 악순환 속에 반복되는 내전과 핵전쟁의 위협과 난민과 사회적 약자들의 보호 받지 못함과 생태계의 파괴와 생명체들의 멸종위기와 사회의 부조리와 잔혹함들 속에서 실존하고 있는 현대교회는 어떠해야 하는가? 이러한 전 세계적인 신음과 탄식을 들으며 살고 있는 현대교회는 과연 어떠해야 하는가?

교회는 이런 상황 하에서 '주님이라면 어떻게 하셨을까'를 질문해야 한다. 교회는 주님의 몸이고 교회의 머리는 주님이시기 때문이다(엡4:16). 머리 되신 주님의 뜻을 묻고 이를 행하고자 하는 그의 몸 된 교회는 반드시 기도한다(막11:17). 기도하는 교회는 행동한다. 우선 먼저 공동체 안에서 서로를 돌아보며(히11:24-25), 서로를 위해 봉사한다(벧전4:10-11). 가까운 곳을 책임지지 못하는 사랑은 위선이며, 교회가 먼저 서로 사랑하는 공동체가 되지 않고서는 세상을 사랑할 수 없기 때문이다. 교회의 봉사는 결코 교회 안에서 멈추거나 교회 안에서 그 힘을 다 소진해서는 안 된다. 교회의 목적은 세상의 약자들과 연대하고 세상의 악과 투쟁하면서 세상을 사랑으로 섬기는 빛과 소금이 되는 것이기 때문이다(마5:13-14).

몰트만에 따르면, 교회는 역사 안에서 반드시 완수해야만 하는 '메시아적 과제'가 있다. 그것은 사회와 하나님 나라 사이의 전이(자리나 위치를 다른 곳으로 옮김)를 가져오는 것이다. 주님이 가르쳐 주신 기도처럼, 아버지의 나라가 이 땅에 오게 하는 것이나. 메츠(J.B. Mets)는 바울이 세상과의 연대를 비판한 것이 아니라, 세상과의 일치를 비판한 것이라고 지적한다. 그러면서 교회란 역사 안에서 그냥 존재해서는 안 되고 '비판적으로 현존' 해야 한다고 강조한다.

'메시아로서의 교회'는 세계의 고통과 신음의 현실을 어쩔 수 없는 운명처럼 결정론적으로 받아들이지 않는다. 메시아로서의 예수님이 그러했듯이, 세상의 악과 결별하고 소외되고 연약한 자들의 좋은 이웃이 된다. 나아가 하나님 나라의 해방의 복음이 신음하는 이 세계 속에서 구체적으로 실현되도록 가능한 모든 일과 불가능한 모든 것까지도 시도한다. 메시아로서의 교회는 하나님 나라의 문을 여는 천국열쇠를 지녔고 (마16:18-19), 하늘과 땅의 모든 권세를 가지신 예수 그리스도의 메시아적 사명에 참여하는 주님의 교회이기 때문이다(마28:18-20).

40 주의 몸 | 공동체 의식이 약해질 때 (에베소서 4:16)

*암송체크 ☐ ☐ ☐ ☐

16 그에게서 온 몸이 각 마디를 통하여 도움을 받음으로 연결되고 결합되어 각 지체의 분량대로 역사하여 그 몸을 자라게 하며 사랑 안에서 스스로 세우느니라

묵상안내

주의 몸은 유기체와 같다. 머리 되신 주님으로부터 지시를 받는다. 머리가 없으면 시체와 같다. 머리 되신 주님을 따라야 산다. 또한 주의 몸은 연결되고 결합되어 있다. 그래서 마디가 중요하다. 마디와 같은 이들을 통해 서로 다른 지체가 하나의 몸이 된다. 몸은 각 지체가 자신의 분량대로 일할 때 자란다. 이 모든 사랑의 수고를 통해 사랑의 주님의 몸이 스스로를 세운다.

공동체 의식이 약해지는가? 속한 교회가 머리 되신 주님으로부터 지시를 받는가? 속한 공동체에서 나는 어떤 지체인가?

한줄기도

(   ) 교회가 연결되고 자라고 세워지게 하소서

안내묵상

반복묵상

자유묵상

41 천국열쇠 | 교회가 약해 보일 때 (마태복음 16:18-19)

*암송체크 ☐☐☐☐

18 또 내가 네게 이르노니 너는 베드로라 내가 이 반석 위에 내 교회를 세우리니 음부의 권세가 이기지 못하리라 19 내가 천국 열쇠를 네게 주리니 네가 땅에서 무엇이든지 매면 하늘에서도 매일 것이요 네가 땅에서 무엇이든지 풀면 하늘에서도 풀리라 하시고

묵상안내

　천국열쇠는 교회의 특권이다. 교회는 하늘 문을 열고 닫는 권세가 있다. 교회는 하늘과 땅을 이어주는 천국의 공적기관이다. 천국이 본사라면 교회는 지사다. 그래서 하나님은 교회의 언행에 주목하신다. 교회의 활동을 존중하신다. 교회는 하나님의 파트너다. 하나님은 교회를 통해, 교회를 위해 일하신다. 그렇기에 어둠의 권세가 이기지 못한다. 교회는 영원한 반석 위에 서 있다.
　교회가 약해 보이는가? 교회의 특권을 믿는가? 교회의 손에 쥐어진 천국열쇠를 적극적으로 사용하는가?

한줄기도

아버지의 뜻이 하늘에서와 같이,

땅에서도 이루어지게 하소서 (주기도문)

안내묵상

반복묵상

자유묵상

42 기도의집 | 기도에 게을러질 때 (마가복음 11:17)

*암송체크 ☐☐☐☐

17 이에 가르쳐 이르시되 기록된 바 내 집은 만민이 기도하는 집이라 칭함을 받으리라고 하지 아니하였느냐 너희는 강도의 소굴을 만들었도다 하시매

묵상안내

  기도의 집은 교회의 본질이다. 교회는 무엇보다 기도하는 곳이다. 교회에서 울려 퍼지는 찬양도 곡조를 입힌 기도다. 교회는 봉사하는 곳이 아니라 삶의 기도로서 봉사하는 집이다. 교회는 친교하는 곳이 아니라 기도함으로 영적으로 친교하는 곳이다. 교회는 선교하는 곳이 아니라 선교해서 만민이 기도하게 하는 집이다. 교회는 하나님과 교제하는 하나님의 집이기 때문이다.

  교회가 기도에 게을러지는가? 교회가 기도와 맞바꾼 것은 무엇인가? 그것은 기도와 무슨 관련이 있는가?

한줄기도

모두 사람을 위한 기도의 집이 되게 하소서

안내묵상

반복묵상

자유묵상

43 빛과 소금 | 교회에서만 힘이 소진될 때 (마태복음 5:13-14)

*암송체크 ☐ ☐ ☐ ☐

13 너희는 세상의 소금이니 소금이 만일 그 맛을 잃으면 무엇으로 짜게 하리요 후에는 아무 쓸 데 없어 다만 밖에 버려져 사람에게 밟힐 뿐이니라 14 너희는 세상의 빛이라 산 위에 있는 동네가 숨겨지지 못할 것이요

묵상안내

 빛과 소금은 교회가 세상에 존재하는 목적이다. 소금은 맛을 내고, 빛은 어둠을 밝힌다. 맛을 잃은 소금은 어디에도 쓸 데 없다. 목적을 잃은 교회도 그렇다. 빛은 숨길 수 없다. 어디에 있든 어둠을 밝히고야 만다. 목적에 충실한 교회도 그렇다. 빛과 소금 된 교회는 보이지 않는 하나님을 세상에 보여준다. 교회는 세상을 향한 하나님의 선한 영향력이다.
 교회에서만 힘이 소진되는가? 하나님의 선한 영향력이라는 목적에 충실한가? 외면과 지탄의 대상이 되지는 않았는가?

한줄기도

아버지의 이름을 거룩하게 하소서 (주기도문)

안내묵상

반복묵상

자유묵상

44 친교 | 교회에 모이기 싫을 때 (히브리서 11:24-25)

*암송체크 ☐☐☐☐

24 서로 돌아보아 사랑과 선행을 격려하며 25 모이기를 폐하는 어떤 사람들의 습관과 같이 하지 말고 오직 권하여 그 날이 가까움을 볼수록 더욱 그리하자

묵상안내

친교는 하찮은 일이 아니다. 친교는 함께 하는 기도다. 서로를 통해 하나님의 임재를 경험한다. 친교는 사랑의 일상모드다. 서로를 통해 하나님의 사랑을 경험한다. 교회의 친교 속에 성령이 교통하신다. 삼위일체 하나님은 사랑의 모임이다. 하나님이 친교하신다. 친교는 그 자체가 목적이다. 동시에 친교는 가장 강력하게 사랑의 하나님을 증거하는 선교의 통로가 된다.

교회에 모이기 싫은가? 친교의 유익을 알고 누리는가? 사랑의 친교를 나누시는 삼위일체 하나님을 상상해봤는가?

한줄기도

서로 돌아보며 사랑과 선행을 격려하게 하소서

안내묵상

_____

_____

_____

_____

반복묵상

_____

_____

_____

_____

자유묵상

_____

_____

_____

_____

45 봉사 | 억지로 봉사할 때 (베드로전서 4:10-11)

*암송체크 ☐☐☐☐

10 각각 은사를 받은 대로 하나님의 여러 가지 은혜를 맡은 선한 청지기 같이 서로 봉사하라 11 만일 누가 말하려면 하나님의 말씀을 하는 것 같이 하고 누가 봉사하려면 하나님이 공급하시는 힘으로 하는 것 같이 하라 이는 범사에 예수 그리스도로 말미암아 하나님이 영광을 받으시게 하려 함이니 그에게 영광과 권능이 세세에 무궁하도록 있느니라 아멘

묵상안내

봉사는 은혜를 흘려보내는 시간이다. 은혜는 위에서만 내려 오지 않는다. 옆에서도 흘러온다. 서로를 통해 은혜를 받아 은혜가 배가 된다. 하나님은 사람을 통해 일하시기로 작정하셨다. 그래서 하나님은 각 사람에게 은사를 주셔서 봉사하게 하신다. 은혜는 봉사할 때 유통된다. 각자가 맡은 은혜의 분량이 있다. 이것을 아는 선한 청지기는 하나님의 봉사에 즐거이 참여한다.

교회에서 억지로 봉사하는가? 나를 통해 흘러가야 할 은혜의 분량은 무엇인가? 어떤 은사를 구하며 어떤 봉사를 하는가?

한줄기도

은혜의 통로가 되게 하소서

안내묵상

반복묵상

자유묵상

46 선교 | 사명이 모호할 때 (마태복음 28:18-20)

*암송체크

18 예수께서 나아와 말씀하여 이르시되 하늘과 땅의 모든 권세를 내게 주셨으니 19 그러므로 너희는 가서 모든 민족을 제자로 삼아 아버지와 아들과 성령의 이름으로 세례를 베풀고 20 내가 너희에게 분부한 모든 것을 가르쳐 지키게 하라 볼지어다 내가 세상 끝날까지 너희와 항상 함께 있으리라 하시니라

묵상안내

 선교는 예수님이 지휘하신다. 교회는 예수님만 따라가면 된다. 예수님은 모든 권세와 모든 해답을 지니셨다. 하지만 아들 예수님은 아버지 하나님을 위해 선교하시고 성령 하나님의 능력으로 선교하신다. 모든 면에서 아들은 아버지와 성령을 빼놓고 설명될 수 없다. 그렇기에 선교는 철저히 삼위일체 하나님의 선교다. 선교는 삼위일체 하나님의 신비한 사랑을 전하는 것이다.

 교회의 사명이 모호한가? 예수님의 권세를 의지하고 그분의 지휘를 받는가? 삼위일체 하나님의 신비한 사랑을 전하는가?

한줄기도

 삼위일체 하나님의 신비한 사랑을 전하게 하소서

안내묵상

반복묵상

자유묵상

제11장. 사역

신학묵상

***

사역

앞장에서 소개한 대로, 교회는 주님의 몸이자 천국열쇠를 쥐고 있는 세상의 빛과 소금이다. 그러한 정체성을 가지고 기본적으로 하는 일들이, 기도하고 친교하고 봉사하고 선교하는 일이다. 이런 것들이 일종의 사역이다. 하지만 기독교 사역을 기도와 친교와 봉사와 선교로만 표현하는 것은 부족하다. 이런 활동은 타 종교에서도 하기 때문이다. 우리는 기독교 사역만의 특징과 방향과 목표와 시작을 이해할 필요가 있다.

* * *

사역의 특징

기독교 사역의 외적인 특징은 '말씀과 성례'이다. 이것은 살아있는 하나님의 말씀 자체로서 하나님의 말씀을 전하실 뿐 아니라 그 말씀을 실현하셨고, 빵과 포도주에 빗대어 자신의 생명을 자격 없는 자들에게 은혜로 나눠주시며, 성령으로 세례를 베푸시는 그리스도의 사역과 상응한다.

기독교 사역의 외적 특징 첫 번째는, '말씀사역'이다. 하나님의 말씀은 삼중형태로 계시된다. 삼중형태는 살아계신 하나님의 말씀이신 그리스도의 계시, 그리스도에 관해 기록된 하나님의 말씀인 성서의 증언, 성서에 근거해 선포된 하나님의 말씀인 교회의 설교이다. 이처럼 삼중형태는 서로 같지 않다. 말씀 자체와 말씀 기록과 말씀 선포는 동일하지 않다. 하지만 성서와 교회의 증언은 그리스도를 올바로 전할 때 성령의 역사로 '하나님의 말씀이 된다.'

그러므로 교회는 힘을 다하여 하나님의 말씀을 전해야 한다. 설교가 되었든, 성경공부가 되었든, 어떤 방식이 되었든 성서에 근거해 그리스도를 전해야 한다. 교회는 그리스도를 전하는 이 말씀사역을 통해 살아있는 하나님의 말씀을 경험한다. 그리고 동시에 그 말씀이 이 땅에서 실현되어 가는 과정에 직접 참여하게 된다. 사도행전은 말씀을 전하다가 말씀을 경험하고 심지어 말씀에 참여하게 된 사람들의 이야기다. 말씀이 인생이 되고 인생이 말씀이 된 것이다.

기독교 사역의 외적 특징 두 번째는, '성례사역'이다. 성례사역에는 세례와 성찬이 있다. 세례는 그리스도와 함께 죽고 그리스도와 함께 살아나 하나님의 자녀가 되었음을 의미한다. 성찬은 그리스도의 살과 피를 먹고 마심으로 그 생명을 받아 누리며 그리스도와 하나 됨을 의미한다. 아우구스티누스는 '눈에 보이지 않는 은혜에 대한 눈에 보이는 징표'가 이 성례전이라 했다.

성례전에 대한 두 가지 다른 견해가 있다. 하나는 하나님의 은혜의 객관적 실재를 강조하는 견해이고, 다른 하나는 우리의 신앙적 응답의 중요성을 강조하는 견해이다. 성찬과 관련해서 보자면, 전자는 화체설(가톨릭, 루터)과 같이 성찬의 빵과 포도주 자체가 그리스도의 몸으로 변한다는 쪽으로 기운다. 반면, 후자는 상징설(츠빙글리)과 같이 성찬의 빵과 포도주 자체가 아니라, 그 상징적 의미만 변한다는 쪽으로 기운다. 전자는 우리가 성찬을 더 진지하게 바라보게 하고, 후자는 성찬에 대한 우리의 응답을 살피게 하는 장점이 있다.

이 두 견해의 중도에 해당하는 개혁교회의 영적 임재설(칼뱅)이 있다. 이는 그리스도께서 성찬의 빵과 포도주에 영적으로 임재하신다는 입장이다. 이 견해의 장점은 빵과 포도주를 그리스도의 몸과 동일시할 때 생기는 문제와, 그리스도를 기념하게 하는 상징물로만 여길 때 생기는 문제 모두를 피한다는 것이다.

하지만 성례사역은 성례예식에 국한되지 않는다. 예수의 세례는 죽었다가 새롭게 살아나는 십자가와 부활의 사건이 성령을 통해 개인에게 적용되는 실존적 변화의 사건이기 때문이다. 예수의 성찬 역시 죄인들을 초대하고 환영하고 그들과 함께 하나님의 구원하시는 사랑을 기뻐하셨던 예수의 식탁의 연장선으로서 삶의 이야기이기 때문이다. 자격 없는 자들을 찾아 초대하고 환대하는 것, 그리고 자신의 살과 피를 생명의 양식으로 나눠주신 예수님의 구원하시는 사랑을 그들과 함께 즐거워하는 것, 그래서 그들이 성령의 능력으로 그리스도와 함께 죽고 새롭게 다시 살아나는 것, 이것이 진정한 성례사역이다.

* * *

사역의 방향

말씀과 성례가 기독교 사역의 외형적 특징이라면, '사랑과 신비'는 기독교 사역의 이면적 특징이다. 기독교가 신앙하는 하나님이 사랑과 신비의 하나님이기 때문이다. 그리스도 안에서 나타난 하나님은 자신을 내어주는 사랑이시며 깊이를 다 알 수 없는 영이시다. 사랑만을 강조하면 도덕주의 종교로 전락하기 쉽고, 신비만 강조하면 신비주의 종교로 전락하기 쉽다. 기독교는 사랑 안에서 신비를, 신비 안에서 사랑을 발견한다.

바울은 고린도전서 13장에서 사랑이 최고임을 선언한 뒤, 14장에서 사랑을 추구하고 신비를 사모하라고 권면하면서, 특별히 하나님의 말씀을 전하는 예언의 은사를 구하라고 한다(고전 14:1). 예언과 방언 모두 신비한 은사이지만, 다섯 마디 예언이 일만 마디 방언보다 더 낫다는 것이다. 그 이유는 예언의 이타적 목적인 사랑 때문이다. 기독교는 신비 자체만이 아니라, 사랑의 신비를 추구하며 신비한 사랑을 추구한다. 하나님이 사랑의 신비, 신비로운 사랑이시기 때문이다.

* * *

사역의 목표

사랑과 신비가 사역의 방향이라면, '성화'는 사역의 목표다.

방향은 거시적이지만 추상적인 반면, 목표는 미시적이지만 구체적이다. 사역의 목표인 성화는 그리스도 안에서 완전한 자가 되어 가는 것이다(골1:28-29). 하나님 형상의 원형이신 그리스도를 닮아가는 것이다. 이것이 사역의 목표이다. 그래서 사역이란 자신과 타인의 성화를 돕는 것이 되어야 한다.

  예수님과 바울의 공통된 주장처럼, 성화는 반드시 열매로 확인된다. 성화는 추상적이고 형이상학적 존재의 변화가 아니라, 실제적이고 실존적인 관계의 변화이기 때문이다. 하나님 형상이 관계적 삶이고 죄가 관계적 삶의 파괴이며 그리스도와 삼위일체 하나님이 관계적 삶의 원형이시라면, 성화는 단연코 '참된 관계적 삶으로 성숙' 해가는 과정일 것이다. 예수님이 보여주시는 관계적 삶은 첫째, 하나님과의 관계에서 은혜를 수용하는 믿음의 삶이다. 둘째, 타자와의 관계에서 대화와 협력과 공존으로 나아가는 사랑의 삶이다. 셋째, 자신과의 관계에서 자신의 오늘을 하나님의 미래로 이끄는 약속을 붙잡는 소망의 삶이다.

* * *

사역의 시작

사역의 목표가 성화라면, 사역의 시작은 '가족'이다. 가족은 관계와 책임의 시작이다. 이는 성서의 계명이자 인간의 본능이며 사회적 상식이기도 하다. 예수님은 하나님께 헌신한다는 핑계로 부모에 대한 책임을 다하지 않는 바리새인을 책망하셨다. 바울은 친족을 돌아보지 않는 자는 불신자보다 악하며, 가족을 잘 다스리지 못하는 자는 교회를 잘 다스릴 수 없다고 보았다.

그럼에도 기독교는 제자들에게 가족을 버리고 자신을 따르라고 하신 예수님의 요구나, 예수님과 가족들의 갈등 따위를 근거로 가정을 등한히 하는 경향도 있었다. 하지만 모든 것을 버리고 자신을 쫓으라고 하신 요구는, 육체적 한계를 지닌 인간 예수를 따라다니기 위한 불가피한 조치였다. 관계의 영구단절이 아니라 배움을 위한 일시적인 내려놓음이었다. 하지만 현재의 우리는 예수님을 육체가 아니라 영으로 만난다.

또한 예수님과 가족들과의 반목과 갈등은 예수님이 메시아로서 공적 삶을 사실 때 가족들의 무지로부터 불가피하게 일어난 일이다. 그리고 우리는 어머니 마리아를 향한 예수님의 사랑과 책임감을 제자 요한에게 어머니를 부탁하는 가상칠언(예수님이 십자가에서 하신 일곱 말씀)에서 분명히 확인할 수 있다. 사역이란 하나님 나라의 우선성 안에서 가족으로부터 시작된다(엡5:33,6:1,4).

47 성화 | 사역이 흐지부지할 때 (골로새서 1:28-29)

*암송체크 ☐☐☐☐

28 우리가 그를 전파하여 각 사람을 권하고 모든 지혜로 각 사람을 가르침은 각 사람을 그리스도 안에서 완전한 자로 세우려 함이니 29 이를 위하여 나도 내 속에서 능력으로 역사하시는 이의 역사를 따라 힘을 다하여 수고하노라

묵상안내

성화는 사역의 방향이다. 성화사역은 한 사람을 그리스도 안에서 완전한 자로 세워가는 것이다. 한 사람을 천하보다 귀하게 여기는 거다. 한 사람을 향한 불타는 사랑이다. 그래서 모든 것을 동원해 예수를 전파하고 권하고 가르친다. 성화를 향한 열정은 우리 속에서 능력으로 역사하시는 하나님의 역사로 인한 것이다. 사역자는 힘을 다해 이 역사를 따라가며 수고할 뿐이다.

사역이 흐지부지한가? 한 사람을 세워가는가? 한 영혼의 성화를 위해 내 속에서 능력으로 일하시는 분을 느끼는가?

한줄기도

한 영혼을 세우게 하소서

안내묵상

반복묵상

자유묵상

48 균형 | 사역이 불균형할 때 (고린도전서 14:1)

*암송체크

1 사랑을 추구하며 신령한 것들을 사모하되 특별히 예언을 하려고 하라

묵상안내

균형은 사역을 건강하게 한다. 균형사역은 사랑과 신비의 사역이다. 이는 사랑이신 하나님을 추구하고 영이신 하나님을 사모하는 것과 짝을 이룬다. 사랑을 앞세우지 않는 신비추구는 신비주의에 빠진다. 신비를 인정하지 않는 사랑추구는 도덕주의에 빠진다. 사랑과 신비는 서로를 풍성하게 한다. 대표 합작품이 하나님의 마음과 뜻을 전하여 사람을 세우는 예언사역이다.

사역이 불균형한가? 사랑이신 하나님을 추구하는가? 영이신 하나님을 사모하는가? 사랑과 신비의 은사를 구하는가?

한줄기도

사랑을 추구하며 신비를 사모하되, 특별히 예언을 하게 하소서

안내묵상

반복묵상

자유묵상

49 가정 | 가정에 소홀해질 때 (에베소서 5:33, 6:1,4)

*암송체크 ☐☐☐☐

33 그러나 너희도 각각 자기의 아내 사랑하기를 자신 같이 하고 아내도 자기 남편을 존경하라 1 자녀들아 주 안에서 너희 부모에게 순종하라 이것이 옳으니라 4 또 아비들아 너희 자녀를 노엽게 하지 말고 오직 주의 교훈과 훈계로 양육하라

묵상안내

 가정은 1순위다. 하나님 사랑하기가 0순위라면, 그 사랑을 나눌 첫 번째 삶의 자리는 단연코 가정이기 때문이다. 부부는 서로에게서 그리스도와 교회가 나누는 사랑의 신비를 경험한다. 목숨처럼 사랑하고 존경하는 사랑의 관계를 배운다. 자녀는 주 안에서 정당한 권위에 순종하기를 배운다. 부모는 자녀를 주님의 정신으로 사랑하고 양육하기를 배운다. 가정은 작은 교회다.
 가정에 소홀해지는가? 가정을 1순위로 사랑하는가? 가족들과 어떻게 주님의 사랑을 나누는가?

한줄기도

주님의 사랑을 나누는 가정 되게 하소서

안내묵상

반복묵상

자유묵상

제12장. 종말

신학묵상

***
종말

　종말을 회화적으로 묘사한 계시를 '묵시'라고 한다. 즉, 묵시는 계시의 일부이며 한 형태다. 그러므로 묵시는 예수 그리스도 안에서 드러난 하나님의 활동의 전체 계시 안에서 이해되어야 한다. 그렇다고 묵시가 계시의 변두리 과제는 아니다. 묵시는 계시의 중심에 있다. 에른스트 케제만은 묵시적 시각을 '기독교 신학의 어머니'라고까지 표현했다.

하지만 묵시를 다루는 '종말론'은 어렵다. 종말론적인 메시지를 가장 많이 담고 있는 요한계시록이 특히 어렵기 때문이다. 루터조차 요한계시록이 그리스도를 적절하게 설교하는지에 대해 의심한 바가 있다. 십자가와 부활에서 나타나는 온유하고 인자한 그리스도의 모습과, 승천하고 재림하는 강인하고 무서운 그리스도의 모습이 너무 달라 보이기 때문이다.

계시록이 어려운 또 다른 이유는 묵시적인 상징과 이미지가 많이 나오기 때문이다. 상징과 이미지는 해석의 여지가 많다. 예를 들어, 144000, 666, 천년왕국, 용과 두 짐승, 두 증인 등을 어떻게 이해할 것인가? 칼뱅이 자신의 신약 주석에서 요한계시록만을 건너뛰었다는 것은 이해할 만하다.

계시록이 어려운 세 번째 이유는 종말역사의 순서를 파악하기 어렵기 때문이다. 뒤죽박죽처럼 보이는 종말역사의 순서를 역사의 진행과정과 억지로 끼워 맞추려는 자들 중에 '세대주의자들'이 있다. 이들은 편안할 때는 천년왕국이 왔다고 하고, 혼란할 때는 환란의 때가 왔다고 한다. 계시록은 순차적으로 진행되지만 중간중간에 여러 환상들이 삽입되어 있다. 이러한 복잡한 구조는 종말역사의 순서를 파악하기 어렵게 만든다.

이런 연유로 종말론은 쉽게 오용되었다. 닉괴적인 진보진영에서는 기독교의 종말론을 마르크스주의적인 유토피아 사상으로 둔갑시키기도 했고, 비관적인 보수진영에서는 이를 무시무시한 핵전쟁 시나리오로 둔갑시키기도 했다.

* * *
사자의 종말론?

계시록은 종말을 무섭게 묘사한다. 하지만 당시 묵시문학이나 전투신화들은 이러한 상징과 과장을 이야기의 한 기법으로 흔하게 사용했다. 그런데 이런 배경을 무시하고 자의적으로 계시록을 해석하고 부주의한 주장을 하는 종말론들이 있다. 성행하는 다음의 두 가지 종말론을 경계해야 한다.

첫 번째로, 지나치게 문자적인 해석을 하는 '세대주의 종말론'을 경계해야 한다. 이런 종말론은 첫째, 초점을 어린양에서 종말사건으로 대체시켜 버린다. 그래서 휴거(하늘로 들려짐)나 대환란 같은 특정 종말사건들이 어린양의 구속보다 더 중요해진다. 둘째, 성경을 왜곡한다. 계시록을 자신이 고안한 틀에 맞춰 해석하기 때문이다. 셋째, 세상을 선악의 이분법으로 바라본다. 그래서 세상과의 대화와 협력과 교제의 가능성이 사라진다. 넷째, 과격하다. 계시록의 심판과정과 전쟁과정을 문자적으로 이해하기 때문에 폭력적인 방식을 취한다. 필요하면 전쟁도 타당하다는 식이다. 다섯째, 세상에 소극적이 된다. 대환란을 피해 하늘로 휴거되는 것이 가장 중요하기 때문이다. 세상이 어떻게 되던지 상관없다. 우리는 이런 식의 폭력적이고 이기적인 종말론을 기독교의 종말론으로 받아들일 수 없다.

우리가 경계해야 할 두 번째 종말론은, 지나치게 비유적으로 해석하는 '비유풀이식 종말론'이다. 이들은 요한계시록의 7인, 7나팔, 7대접 중간중간에 들어있는 환상들을 자의적인 비유풀이식으로 해석한다. 악용되는 환상들에는 7장의 십사만사천, 11장의 두 증인, 13장의 두 짐승과 짐승의 표, 16장의 아마겟돈, 17장의 큰 음녀 바벨론, 20장의 천년왕국이 있다. 이런 상징들은 반드시 당시의 역사적, 문학적 배경에서 이해해야만 한다. 그렇지 않으면 기독교의 소망이 무시무시한 '사자의 종말론'으로 변색되고 만다. 이런 식의 종말론은 살아있는 자와 죽은 자를 심판하러 오시되 모든 사람이 구원에 이르기를 원하셔서 오래 참으시며 그들을 끝없이 구원으로 초대하시는 자비와 긍휼의 하나님과 어울리지 않는다(벧후3:9).

***
어린 양의 종말론

　요한계시록 4장은 하나님을 보좌에 앉으신 이로 표현한다. 그리고 보좌에 앉으신 이를 보좌의 모든 측근들이 경배하고 찬양한다. 그런데 5장에서는 보좌에 앉으신 분을 제외한 보좌의 모든 측근들이, 어린 양에게 경배하고 찬양한다. 놀라운 것은 4장에서 등장하지도 않던 많은 천사들과 모든 피조물까지도 이 찬양에 합세한다는 것이다. 그것도 새 노래로, 그것도 큰 음성으로 그렇게 한다. 어린 양이 경배를 받는 것도 놀랍지만, 더 놀라운 것은 그 어린 양이 '죽임당하신 어린 양'이라는 것이다. 죽임당하신 어린 양이 능력과 부와 지혜와 힘과 존귀와 영광과 찬송을 받으시기 합당한 이유는 무엇인가? 그분이 바로 십자가에서 죽임당하심으로 하나님의 사랑을 보여주신 '사랑의 하나님'이기 때문이다.

　계시록의 종말역사는 하늘보좌에 의해 완성된다. 그런데 그 보좌에는 하나님 아버지와 그 우편에 동일한 경배를 받기에 합당하신 우리를 위해 죽임당하신 어린 양이 계신다. 누가 우리를 구원하기도 하고 심판하기도 하는가? 계시록 22장 1절은 새 예루살렘과 새 에덴의 보좌를 "하나님과 및 어린 양의 보좌"라고 묘사한다. 고대의 2인용 보좌는 평등한 관계를 의미한다. 기독교의 종말론적인 소망은 오직 하나님과 동등한 위엄과 권세를 가지셨지만, 인간을 위해 죽임당하셨던 사랑의 어린 양에게 정초되어야 한다(요3:16).

* * *
종말론적 삶

종말은 피조세계 전체가 맞이할 것이다. 하지만 그것은 멀게 느껴진다. 하지만 '개인의 종말'은 어떤가? 그것은 우리에게 우주의 종말보다 더 가깝고 더 현실적이다. 우리는 모두 개인의 종말을 맞이한다(전7:2). 결국 종말은 아무도 피할 수 없는 것이다. 종말론적 삶은 코끝에 있는 종말을 의식하며 사는 삶이다. 종말을 완성하실 어린 양을 기다리며 그의 고난과 부활에 참여하는 삶이다. 종말에 구원받을 신음하는 피조세계와 연대하며 만물의 갱신을 위해 투쟁하는 삶이다. 이렇게 종말론적 삶은 종말을 의식하며 종말을 준비하며 종말을 맞이하며 종말을 미리 맛보며 종말을 앞당겨 실현하고 증거하는 삶이다.

하지만 그렇다고 이러한 우리의 노력이 바르트가 말한 위대한 소망, 위대한 의, 위대한 평화와 같을 수는 없다. 스킬레벡스가 말한 어떤 사회적, 정치적 치유로도 감당할 수 없는 인간의 상처가 세상에 엄연히 존재하고, 그것은 오직 종말의 어린 양에 의해만 치유될 수 있기 때문이다. 치유될 수 없는 상처가 마침내는 치유되리라는 산 소망이 있기에 우리는 루터처럼 고백할 수 있다. '내일 세상의 종말이 오더라도, 나는 오늘 사과나무를 심으리라!'

그리스도인은 종말을 준비하며 나무를 심어야 한다. 종말의 부활을 소망하며 오늘의 십자가에 참여해야 한다. 종말의 부활은 십자가의 완성으로 오고 있고, 종말의 어린 양은 십자가에 달리신 어린양이기 때문이다. 그렇기에 십자가를 외면하는 자는 부활을 희망할 수 없고, 오늘에 충실하지 않는 자는 진정으로 종말을 희망할 수 없다. 그러니 종말론적 삶은 결코 현실도피적이거나 책임회피적일 수 없다. 오히려 더 현실참여적이고 온전히 책임을 다한다. 요약하자면, 종말론적 삶이란 십자가에 달린 어린 양의 종말을 희망하며 어린 양의 십자가를 뒤따르면서 어린 양의 부활을 미리 맛보는 삶이다.

50 죽음 | 뭔가를 집착할 때 (전도서 7:2)

*암송체크

2 초상집에 가는 것이 잔칫집에 가는 것보다 나으니 모든 사람의 끝이 이와 같이 됨이라 산 자는 이것을 그의 마음에 둘지어다

묵상안내

 죽음은 중요한 것과 하찮은 것을 가려낸다. 죽음 앞에서 하찮은 것은 하찮게 되고 중요한 것은 중요하게 된다. 하지만 사람은 죽지 않을 것처럼 산다. 그래서 하찮은 것이 중요하게 되고 중요한 것은 하찮은 것이 된다. 그렇기에 잘 죽으려고 하는 사람은 오히려 참으로 잘 살게 된다. 아무도 피해갈 수 없는 죽음을 생각하라. 죽음 앞에서 살아가라.
 뭔가를 집착하는가? 그것은 죽음 앞에서 중요한 것인가, 하찮은 것인가? 잘 죽기를 묵상하는가?

한줄기도

잘 죽기를 준비하여 잘 살게 하소서

안내묵상

반복묵상

자유묵상

51 심판 | 막 살고 싶을 때 (베드로후서 3:9)

*암송체크

9 주의 약속은 어떤 이들이 더디다고 생각하는 것 같이 더딘 것이 아니라 오직 주께서는 너희를 대하여 오래 참으사 아무도 멸망하지 아니하고 다 회개하기에 이르기를 원하시느니라

묵상안내

 심판은 엄중하지만 자비롭다. 어린 양의 심판이기 때문이다. 어린 양은 죽임 당하신 어린 양이다. 어린 양은 십자가에서 엄중한 심판을 받으셨다. 죄는 값을 치른다. 그래서 심판은 엄중하다. 하지만 어린 양은 십자가에서 모든 사람들의 죄를 대신하셨다. 죄값을 치루셨다. 그래서 심판은 자비롭다. 아무도 멸망치 않고 다 회개와 구원에 이르길 원하시는 어린 양을 바라보라.
 막 살고 싶은가? 어린양의 엄중하지만 자비로운 심판을 상상하는가? 오래 참고 심판을 미루고 계신 주님을 의식하는가?

한줄기도

엄중하고 자비로운 어린 양의 심판을 믿습니다

안내묵상

반복묵상

자유묵상

52 구원 | 심판이 두려울 때 (요한복음 3:16)

*암송체크

16 하나님이 세상을 이처럼 사랑하사 독생자를 주셨으니 이는 그를 믿는 자마다 멸망하지 않고 영생을 얻게 하려 하심이라

묵상안내

구원은 하나님의 본심이다. 하나님은 온 세상이 구원받기를 원하신다. 아무도 멸망하기를 원하지 않으신다. 하나님은 세상을 이처럼 사랑하신다. 아들을 십자가에 내어주실 만큼. 아들의 부활에 온 세상을 참여시킬 만큼. 하나님은 온 세상이 십자가와 부활의 복음을 믿고 받아들이길 원하신다. 이 구원의 복음 위에서만 우리는 아버지의 나라와 권능과 영광을 찬양하며 기다린다.

심판이 두려운가? 복음에 드러난 하나님의 본심은 뭔가? 구원의 복음 위에서 당신은 무엇을 믿고 소망하며 사랑하는가?

한줄기도

나라와 권능과 영광이 영원히 아버지의 것입니다 (주기도문)

안내묵상

반복묵상

자유묵상

부록 I
말씀암송체크표
WORDS CHECK LIST

신학범주	신앙주제	삶의 자리	암송구절	암송체크		
계시	자 연	자연을 거닐며 50	롬1:20			
	복 음	자격이 없다고 느껴질 때 52	롬1:17			
	계시기도	하나님을 더 알고 싶을 때 54	엡1:17-19			
성서	성 경	신앙생활이 막막할 때 64	딤후3:15-17			
	암 송	하나님과 멀어질 때 66	마4:4			
	묵 상	성경이 은혜가 안 될 때 68	시1:1-3			
하나님	영	피상적인 신앙생활 중에 78	요4:23-24			
	사 랑	하나님이 무서울 때 80	요일4:16			
	삼위일체	신앙대상이 혼란스러울 때 82	고후13:13			
창조	창 조	인생이 우연 같을 때 92	창1:1-3			
	향 유	자신에게 가혹해질 때 94	전3:12-13			
	돌보심	냉혹한 사회에서 96	마6:26,33-34			
섭리와 악	섭 리	내 마음대로 안 될 때 106	롬8:28			
	영적싸움	신앙이 느슨해질 때 108	엡6:12-13			
	고 난	고난 당할 때 110	욥23:10			
인간	인간창조	사람이 하찮게 느껴질 때 120	창1:27-28			
	형상왜곡	사람이 대단하게 느껴질 때 122	롬5:8			
	형상회복	정체성이 흔들릴 때 124	엡4:22-24			
그리스도	성육신	하나님이 안 보일 때 134	요1:14			
	메시아	공적 책임을 느낄 때 136	눅4:18-19			
	진 리	종교다원주의가 유혹할 때 138	요14:6			
	십자가	중심이 흔들릴 때 1 140	사53:4-6			
	부 활	중심이 흔들릴 때 2 142	요11:25-26			
	참양식	식탁에서 144	요6:55-57			
	임마누엘	지금여기 146	마1:23			

신학 범주	신앙 주제	삶의 자리	암송구절	암송체크		
성령	보혜사	외로울 때 156	요14:26			
	성 품	잘 살고 있는지 궁금할 때 158	갈5:22-23			
	권 능	능력이 부족할 때 160	행1:8			
	천 국	천국이 멀게 느껴질 때 162	마12:28			
	탄식기도	기도가 안 될 때 164	롬8:26-27			
	자 유	눌릴 때 166	고후3:17			
	분 별	선택의 기로에서 168	고전2:10,13			
신앙	형 제	형제가 도움이 필요할 때 178	요일3:16			
	주 권	내가 주인처럼 느껴질 때 180	시127:1			
	계 명	우선순위가 헷갈릴 때 182	마22:37-40			
	예 배	예배가 형식적일 때 184	롬12:1-2			
	믿 음	믿지만 흔들릴 때 186	히11:6			
	경 건	신앙이 종교화될 때 188	약1:27			
	감사기도	걱정이 많을 때 190	빌4:6-7			
교회	주의 몸	공동체의식이 약해질 때 200	엡4:16			
	천국열쇠	교회가 약해 보일 때 202	마16:18-19			
	기도의집	기도에 게을러질 때 204	막11:17			
	빛과소금	교회에서만 힘이 소진될 때 206	마5:13-14			
	친 교	교회에 모이기 싫을 때 208	히10:24-25			
	봉 사	억지로 봉사할 때 210	벧전4:10-11			
	선 교	사명이 모호해질 때 212	마28:18-20			
사역	성 화	사역이 흐지부지할 때 222	골1:28-29			
	균 형	사역이 불균형할 때 224	고전14:1			
	가 정	가정에 소홀해질 때 226	엡5:33,6:1,4			
종말	죽 음	뭔가를 집착할 때 236	전7:2			
	심 판	막 살고 싶을 때 238	벧후3:9			
	구 원	심판이 두려울 때 240	요3:16			

인생말씀

부록 II
인생말씀플러스
LIFE WORDS PLUS

인생말씀	말씀필사	암송체크
요한복음 17:3	영생은 유일하신 참 하나님과 그가 보내신 자 예수 그리스도를 아는 것이니이다.	V V V V V

인생말씀	말씀필사	암송체크

인생말씀	말씀필사	암송체크

인생말씀	말씀필사	암송체크

인생말씀	말씀필사	암송체크

인생말씀	말씀필사	암송체크

부록 III
중보기도밸런스
INTERCESSION BALANCE

기도 대상	기도제목	기도 여부	응답 여부

기도 대상	기도제목	기도 여부	응답 여부

기도 대상	기도제목	기도 여부	응답 여부

기도 대상	기도제목	기도 여부	응답 여부

기도대상	기도제목	기도여부	응답여부

기도 대상	기도제목	기도 여부	응답 여부

부록 IV
성찰기도밸런스
REFLECTION BALANCE

영성일기

영성일기

영성일기

영성일기

영성일기

영성일기

에필로그

말씀인생

　인생말씀은 인생이 된 말씀이다. 내면화되고 생활화된 말씀이다. 인생과 벗이 된 말씀이다. 그래서 인생말씀이다. 인생말씀이 있으면 말씀인생을 산다. 인생말씀의 양과 질대로 말씀인생을 산다. 말씀인생은 말씀이 된 인생이다. 말씀을 위한, 말씀에 의한, 말씀의 인생이다. 시편 1편에서 약속한 시냇가에 심은 나무와 같이 말씀으로 형통한 인생이다. 하지만 하나님의 말씀이 어떻게 인간의 삶이 될 수 있는가? 그것이 가능한가?

　우리는 성경을 하나님의 말씀으로 여긴다. 하지만 성경에서 하나님이 인간에게 직접 말씀하신 내용은 극히 일부다. 대부분은 그 말씀을 들은 인생들의 이야기다. 말씀을 위해 살았던 인생들,

말씀에 의해 살았던 인생들, 말씀의 인생들 그것이 성경이 되었고 말씀이 되었다. 무엇보다 나사렛 예수의 인생이 말씀이 되었다. 그분이 하신 말씀만이 아니라 인생자체가 말씀이 되었다. 그분의 죽음조차 말씀이 되었다. 말씀 자체이신 분이 인생 자체가 되었다. 말씀인생이 되신 것이다. 이것이 성육신의 참된 의미다.

'사도행전 29장을 쓰자'는 얘기를 많이 듣는다. 생각해보면 도발적인 말이다. 우리의 인생으로 하나님의 말씀을 기록하자는 말이기 때문이다. 하지만 사도행전 1장부터 28장까지 사도들의 행적을 보라. 그들도 인생들이었다. 창세기 첫 장부터 요한계시록 마지막 장까지도 마찬가지다. 하나님은 인생들로 하나님의 말씀을 기록하셨다. 물론 그냥 인생들이 아니었다. 말씀인생들이었다. 오직 말씀을 위해, 오직 말씀에 의해, 오직 말씀의 인생들 말이다. 정말 자신의 인생으로 사도행전 29장을 쓰고 싶은가? 처음으로 돌아가서 다시 인생말씀을 추구하라. 인생말씀만이 말씀인생으로 가는 정로다.

인생말씀 말씀암송묵상기도

발행 | 2021년 11월 01일

지은이 | 이경훈

출판사 | 홀리스틱

전화 | 010-7551-2699

유튜브채널 | 홀리스틱

유튜브에서 관련 강의를 들으실 수 있습니다.

본 책에 사용된 서체는
제주명조(제주특별자치도)와 한수원한돋움(한국수력원자력)으로
www.jeju.go.kr와 www.khnp.co.kr에서 무료로 다운받으실 수 있습니다.

본 책은 저작자의 지적 재산으로서 무단 전재와 복제를 금합니다.

이 도서의 국립중앙도서관 출판예정도서목록(CIP)은
서지정보유통지원시스템 홈페이지(http://seoji.nl.go.kr)와
국가자료종합목록 구축시스템(http://kolis-net.nl.go.kr)에서
이용하실 수 있습니다. (CIP제어번호 : CIP2019027261)